U0936617

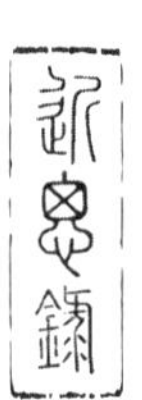
近思錄

讀閒書

仇鹿鸣　著

浙江大学出版社
ZHEJIANG UNIVERSITY PRESS

目 录

复数的上官婉儿

宫闱秘辛永远是公众乐意八卦的题目，君不见，未来的乔治七世不过在母亲凯特王妃肚里多呆了十天，就引得无数记者冒着英国历史上少见的高温在医院门口苦守多日。反观我国，让人稍感惋惜的是尽管中国有漫长的历史书写传统，但能够进入史传的女性不外乎皇后公主与列女这两类人物，更糟糕的是即使这少数的传记也大都充斥着格式化的套语，让读者索然无味。尽管唐史中武则天、上官婉儿、太平公主等几位已给无数导演编剧、小说作者提供了创作灵感，但总体而言，有限的历史资源远远满足不了公众日益增长的八卦娱乐需求。

而最近十年来大量刊布的唐代墓志则在不经意间为我们提供了几位不见于传世文献的宫廷女性的故事，其人生命运的跌宕起伏足以演绎成一部精彩的电视剧。本文的第一位主人公姬总持曾是太宗末至高宗初唐代宫廷中的重要角色，但她的生平全赖墓志的发现才为我们所知（拓片刊《洛阳新获七朝墓志》）。姬是一个相当特别的姓氏，作为传说中黄帝之姓及周的国姓，大约是最古老的汉姓之一，大量姓氏皆云从姬姓分出，以至到了中古时代姬姓便已很少见，两《唐书》中没有一个姬姓人物，仅在《元和姓纂》中对其世系有简要的记载，但所提到的这支姬氏大约并不是汉人，从姬总持家族河南洛阳的郡望来推测，很可能是代人迁洛后所改。这一家族的墓志自清嘉庆以来便陆续有所发现，加上最近在西安出土的姬总持本人的墓志，已有六方之多，使我们可以依赖这些墓志来重建其家族在北朝到唐初的发展历程。总体而言，姬氏大约可以算是北魏以降二流的政治家族，累代仕宦，先世多任边郡的守将与刺史。家族中最为出名的人物是姬总持的祖父姬威，本人的墓志也已经发现。他有一位同父异母的姊妹嫁给了西魏的宗室元智，姬威曾在《隋书》中被提及，他起初是太子杨勇的亲信，后被杨广收买，协助其伺察、告发杨勇的过失，成为杨广夺嫡计划中的一枚棋子，不过姬威卷入宫廷政治的程度较之于孙女姬总持则是小巫见大巫了。

作为一位出身官宦家族的女子，姬总持早年的生活可谓平淡无奇，循着关陇贵戚间惯常的通婚网络，十四岁时便嫁给唐义安王李孝常的第六子李义余，婚后不久便育有一子李家福，人生顺利得几乎都已经能看见终点，事实上其一生的波澜在贞观元年（627）才刚刚揭开序幕。首先需要交代一下的是她公公李孝常一家的背景，李孝常的祖父李景本是隋文帝杨坚之父杨忠隶下的军士，因与家僮黑女私通，生子圆通。李圆通出身低贱，最初不过是杨坚家中照管厨房的仆隶。但因他骁勇有力，在周隋禅代之际，随护杨坚左右，颇立勋劳，借此发迹，成为隋文帝时代炙手可热的关陇新贵之一。但李圆通与隋炀帝的关系似乎并不那么亲密，圆通本人因得罪宇文述，被控受贿，免官后发疾而卒。其子李孝常至隋末仅仕至华阴县令这样的小官，但他在唐高祖李渊太原起兵，西入关中的征途上，据永丰仓降唐，摇身一变成为李唐的开国元勋。永丰仓是河、渭间转运漕粮的屯聚中心，具有重要的战略价值，足为霸业之资。李渊自己便曾言：“千里远来，急于此耳。此既入手，余复何论。”当然李孝常和李渊的关系不仅于此，他的妹夫窦轨是李渊妻窦皇后的从弟，两家本是姻亲，因此李孝常本人虽无大才能，却深受李渊的信任，名列宗籍，受封为王。李渊临朝，常赐其同榻而坐，是武德年间煊赫一时的人物。因而，对于姬总持而言，与李家的联姻最初大约算是一桩很不错的婚事。

不过到了贞观元年，太宗李世民即位后，事情便开始起了变化。先是年初，外任为利州都督的李孝常奉召入京，闲居无事，不久之后其子李义宗坐劫道被诛，到了当年十二月，李孝常因伙同刘德裕等人谋反被诛，家族的命运急转直下。通过玄武门之变杀兄

姬总持墓志

逼父而登上帝位的李世民，后因成就贞观之治的伟业而成为中国历史上最富盛名的皇帝，但贞观之初的政治局面是极其复杂而险恶的，并无天下归心、万民拥戴的盛世之象。仅在一年之间，地方上便先后发生了庐江王李瑗、罗艺、长乐王李乐良、王君廓等四次大规模的叛乱，这些叛乱大都与其父李渊、其兄李建成关系密切的一些旧臣有关。而李孝常联络刘德裕、长孙安业等禁军将领，勾结城门郎韦元整，欲重演玄武门之变的密谋，则是其中最为凶险的一次。牵连其事者，包括追随高祖太原起兵的重要将领刘弘基、长孙顺德，甚至还有长孙皇后之兄长孙安业，这些人大都出自关陇集团中的显要家族，可见之前长期而酷烈的储位之争，大大分裂了李唐的统治核心。

姬总持作为谋逆要犯的家属，被籍没入宫，人生轨迹发生了根本性的转折。不过运气还算不错，恰逢太宗第九子李治在第二年六月出生，姬总持有幸承担了保育小皇子的责任。在北朝隋唐的宫廷中，因罪没入宫掖的官宦人家的妇女借助保育皇子机会，在宫廷中站稳脚跟，后又随着皇子登基称帝而重振家声的例子并不鲜见，姬总持便是我们最新知道的一个。由于长孙皇后在贞观十年（636）便早早去世，当时李治不过九岁，而太宗晚年的储位之争尽管没有酿成玄武门之变这样血腥的杀戮，但亦足够惨烈，对于天性柔弱的李治而言，姬总持大约是这段艰难岁月中最可亲近仰赖的人物。姬总持甚至在贞观后期缺少皇后的宫廷中扮演了一个相当重要的角色，太宗远征辽东，命李治在定州监国，算是对太子治国能力的一次考试，墓志中暗示姬总持此时在定州宫廷中承担了关键的责任，并曾率领太宗的嫔妃，前往辽东前线觐见，“往者文帝亲总元戎，自临王险，使领贵人，度辽远觐”。姬氏辽东之行另一可表之事是转达了太子李治给其舅长孙无忌的诗作，

《文苑英华》卷六二七载许敬宗《为司徒赵国公谢皇太子寄诗笺》云："无忌惶恐白：内使荥阳夫人至，蒙寄叹别五韵，并垂示拟古一首"，此处的荥阳夫人无疑便是姬氏，长孙无忌贞观十六年（642）加司徒，此事当在其后，笺中有"乃以监守余暇，俯觋清篇"、"想悬旌之未卷，察翘心于征旆"等语，可以确定是贞观十九年（645）太子于定州监国时所作，反映出李治与其最重要的政治支持者长孙无忌之间密切的私人互动。宋人钱易在《南部新书》中提到郑絪的后人收藏有太宗征辽东与宫人手敕，"言军国事一取皇太子处置，其翰真草相半，字有不用者，皆浓墨涂杀，圆如棋子，不可寻认"，这位宫人或许就是姬总持。

众所周知，后来武则天的出现，完全改变高宗时代后宫的权力结构。看上去姬总持似乎和武则天相处得还算不错，墓志有意将晚年的姬总持塑造成一个虔信佛教，毫无世俗权力欲望的人，总持这个具有鲜明佛教色彩的名字可能也是她晚年才用的，但她曾两次提出改变周国夫人的封号，以免和武士彟、贺兰敏之周国公的封赠同名，显示出其"审慎自中，谨密形外"的心机，避免引起权力欲极强的武则天的猜忌。姬总持在麟德二年（665）去世，死后备极哀荣，太子李弘、沛王李贤、武则天母荣国夫人、城阳公主、纪国太妃等当时后宫中最显要的人物皆亲往祭赠，高宗对这位幼年的保傅表达了特殊的感情，除了优给赐物、丧葬官给、监护丧事、供给手力等官样文章外，特别敕使内给事冯士良，将姬总持先前送还的御制诗及手敕一卷，焚于灵前，表达了私人的悼念。

当然，在唐代前期，因罪被籍没入宫，而改变人生命运的女性，远非姬总持一人，除了大家所熟悉的上官婉儿之外，《唐语林》中提到高宗的乳母卢氏，本是杜才幹之妻，杜才幹传世文献中仅记其一事，云其本李密旧部，设计诛杀李密叛将邴元真后，携其首至黎阳祭李密之墓，后以濮州降唐，可谓是血性之人。但至于为何后又被牵入谋逆之事，则不得而知。卢氏请求死后能与杜才幹合葬，但因杜才幹曾犯谋逆大罪而为高宗所拒。有意思的是，姬总持以崇信佛教为由，遗言不与其夫合葬，但仍选择安葬在李孝常家族的墓地，墓志云“西望舅姑之坟，用展生平之志”，此时距离贞观元年的那场政变已过去了三十八年。

至于本文的第二位主人公李氏，不但在传世文献中了无踪迹，直至现在我们仍不知其名字，只能凭据其夫司马慎微墓志（刊《中国国家博物馆馆刊》2012 年第 10 期）中附存的一小段文字，略窥其生平。司马慎微本人宦途不达，尽管墓志中提到其先后被纪王李慎、褚遂良等达官显贵赏识，但一生沉沦下僚，仅仕至梓州通泉县尉，卒于调露二年（680），享岁四十八，生平并无任何特别之处。李氏的出身也很平常，其父李嗣源仕至洛州寿安县令，亦不见于史传，若李氏与司马慎微年岁相去不远的话，其时亦当四十有余，她的爱子早夭，仅有一女适河东柳氏，按照唐代女性的一般生命轨迹，不外乎诵经念佛，了度余生罢了。但李氏在守寡九年之后，至载初元年（689）却被卷入了武周革命的漩涡中去，“皇太后临朝求诸女史，敕颍川郡王载德诣门辟召侍奉。宸极一十五年，墨敕制词，多夫人所作”，李氏长安二年（702）六月卒于宫中，仅过了三年便发生了拥戴中宗复位的神龙政变，这位无名的李氏则是武则天一朝诏敕主要的起草者之一。我们现在已很难知道李氏的才名如何为朝廷闻知，亦不知武则天“临朝求诸女史”的范围和规模如何，引介李氏入宫的颍川郡王武载德，虽是武则天从弟，但在史籍中留下的记录也很少。但若将李氏与著名的上官婉儿之生平相比对，则能发现一些很有意思的问题。

司马慎微墓志

《旧唐书·上官昭容传》云其“圣历已后，百司表奏，多令参决”，则上官婉儿进入政治核心圈已在武周后期，当时距李氏去世不过三、四年间，上官仪麟德元年（664）被诛，上官婉儿没入宫时尚在襁褓，至圣历间约三十五岁，方得与闻机密，其实并不算早，可见武则天对其本怀戒意，谈不上有特别的恩遇。否则载初元年，上官婉儿已二十五岁，凭其早慧的文学才能，足以担当草拟诏敕之责，根本不需再从宫外招入李氏。事实上，直至中宗登基，上官婉儿方得“专掌制命，深被信任”，因而上官婉儿在宫廷中权力的扩张与鼎盛，是在中宗时期，而非武则天时，而在上官婉儿之前宫廷中扮演类似角色的很可能便是这位李氏。圣历元年（698）三月，武则天召还庐陵王李显，并逐步默认李唐在其身后复辟的事实，留给上官婉儿在政治上所能腾挪的空间亦极为有限，我们在过去可能夸大了她在武则天时代的影响力。

另一方面，我们可以注意到在李唐前期，一系列女性人物在政治上活跃，与女主政治的性别背景有着直接的关系，赵雨乐曾提出一个颇有意思的假说（见氏著《唐前期宫官与宦官的权力消长》，收入《从宫廷到战场》），其认为唐前期由于多是女主当政，宫官、命妇利用性别上的便利，成为了沟通宫廷内外的重要渠道，也获得了显赫的权势，而唐后期宦官权势的崛起，与玄宗上台之后刻意防制后宫有关，唐前后期政治的一大变化，在于皇帝身边的政治侧近群体由宫官变为了宦官。因而，墓志中提到武则天称帝之初，立即“求诸女史”，其实和皇帝性别从男性变为女性的现实需要有关，但由于史籍的缺载，我们已不能了解这种因皇帝性别转变而引起的制度更动的范围有多大。过去我们更多地将上官婉儿的崛起归因为其文学上的天纵之才，但现在可以更清楚地认识到是皇权性别转换的现实为才女政治提供了“制度通道”，武则天时代的宫廷中可能曾有多位如上官婉儿一样的才女担负过类似草拟王命、参与机密的角色（按唐制中书舍人置六员，后期翰林学士亦常置六员，事实上起草诏敕是极为繁巨的工作，不可能仅有一人承担），只是这些女性后来没有如上官婉儿一样背负“乱政”的恶名，因此被湮没在历史的长河之中了。

唐高宗的四个保母

唐高宗李治无论在史籍中还是在后世各种戏说正说的影视作品中都被演绎成一位庸弱的君主，这一特质在武后残酷凌厉手段的映衬下显得尤为明显。《旧唐书·高宗纪》一上来就讲他为人“宽仁孝友”，这对于需要主威独运的君主而言恐怕并不能算是赞词。唐太宗早年曾考问他《孝经》中何言为要，李治答道：“夫孝，始于事亲，中于事君，终于立身。君子之事上，进思尽忠，退思补过，将顺其美，匡救其恶。”这本是标准答案式的应对，太宗的回应倒颇有些深意：“行此，足以事父兄，为臣子矣。”父亲对于李治的定位是善于“事父兄”的臣子，高宗的一生倘若有幸做一位安静的宗室亲王，远离各种政治喧嚣，大约更符合他的本性。

但最终两位兄长李承乾与李泰围绕着储位两败俱伤的争夺，使得李治多少有些半推半就地扮演起了本不属于他的皇帝角色，《新唐书·高宗纪》史臣曰曾激烈地批评太宗立李治的选择，言其“昧于知子”。在李治成长的宫廷背景中，有一个背景对于他柔弱性格的养成或许颇有影响，之前的学者多少都有些忽略。李治的母亲长孙皇后虽然是中国历史上有名的贤后，但在贞观十年

（636）便英年早逝，年仅三十六岁，当时李治不过九岁，而他的两位兄长李承乾、李泰都已渐次成年，围绕着储位的争夺已在暗自酝酿中。较之于两位已成年的兄长，李治大约是真正感受到丧母之痛的一位，“哀慕感动左右”。另一方面，长孙皇后去世后，太宗一直未另立皇后，在这之后的十几年中后宫中并没有女主人，虽然史书上记有如徐贤妃这样颇受太宗赏识的嫔妃，但太宗与徐惠的投契，恐怕更多是基于文学上的共同趣味，徐妃并不能取代长孙皇后宫廷领袖的角色。母亲的早逝，年岁相差较大而且正忙于互相争夺的兄长，如果说少年李治生活在一个稍显黯淡压抑的宫廷氛围中，恐怕并不为过。

那么谁能填补少年李治生活中缺失的母亲角色，难免让人有了一些悬想的余地，数年前曾读到高宗保傅姬总持的墓志，透过志文格套化的语言，也能体会到高宗与她非同一般的私人情感，这点比读一下太宗乳母彭城国夫人刘氏墓志便不难觉察（《唐代墓志汇编续集》贞观 039），便撰文略作考释（拙著《新见〈姬总持墓志〉考释——兼论贞观元年李孝常谋反的政治背景》，刊《唐研究》第 17 卷，亦可参读本书所收《复数的上官婉儿》一文）。文章草就后，陈尚君师便告诉我在《唐语林》中载有高宗乳母卢氏，封燕国夫人。卢氏本是杜才幹之妻，因罪没入宫掖，可惜没有存留更详细的记录。在此之后，便对相关文献一直有所留意，新近注意到两位可以补充前文的人物。

一位来自新近刊布的刘默墓志（拓本刊《西安碑林博物馆新藏墓志续编》），刘默本人生平并无多少值得一提处，但志文中云其祖母齐国夫人，“即唐高宗大帝为藩后储君时之阿保也”，因此得以荫及其孙，“显庆元年，敕齐国夫人孙慎言（按刘默字慎言）可宣德郎。总章元年，敕齐国夫人孙慎言宜令事豫王”。

而刘默祖父便是与姬总持公公李孝常一起策划谋反的刘德裕，这位姓氏不详的齐国夫人与姬总持一样皆是受家庭之累被籍没入宫，最后又因保育高宗的勋劳而重享富贵，并荫及子孙。此外，刘默墓志云父刘藏先后历官将作少匠、司农、太仆、光禄卿、复州及抚州刺史等职，未受其父谋逆被诛的影响，也多少印证了我前文中的一个假说。贞观元年（627）李孝常、刘德裕的谋叛，由于参与者多出身关陇的核心家族，甚至长孙皇后的异母兄长孙安业也卷入其中，因此太宗亦无力穷究其事，仅诛杀了李孝常、刘德裕等首谋十二人，未广泛株连，对于这些家族在唐初的政治地位也没有太大的影响，姬总持及齐国夫人能在宫中复起，与这一背景多少也有些关系。

刘默墓志

如果说姬总持、卢氏、齐国夫人三人皆是因罪没入宫后，因缘际会成为高宗保傅，开启了一段过山车式的人生，那么第四位薛氏的背景及在高宗成长过程中扮演的角色则有相当的不同（关于薛氏的生平另可参读陈丽萍《贤妃嬖宠：唐代后妃史事考》中的考证）。《大慈恩寺三藏法师传》保留了一段蕴义丰富的史料，显庆元年（656）“二月，有尼宝乘者，高祖太武皇帝之婕妤、隋襄州总管临河公薛道衡之女也。德芬彤管，美擅椒闱。父既学业见称，女亦不亏家训。妙通经史，兼善文才。大帝幼时，从其受学，嗣位之后，以师傅旧恩，封河东郡夫人，礼敬甚重。夫人情慕出家，帝从其志，为禁中别造鹤林寺而处之，并建碑述德。又度侍者数十人，并四事公给，将进具戒。至二月十日，敕迎法师并将大德九人，各一侍者，赴鹤林寺。为河东郡夫人薛尼受戒”。薛婕妤是隋代著名文士薛道衡的女儿，传说薛道衡本人因“空梁落燕泥”的名句被隋炀帝嫉妒，从而招来杀身之祸，传闻虽不尽可信，但河东薛氏薛道衡一支无疑在隋唐之际享有盛名，薛道衡、薛收、薛元超祖孙三代皆以文学见长，名重于世，因而所谓薛婕妤“妙通经史，兼善文才”云云恐非虚语。

薛婕妤身份中更为特殊的一点她本是高宗祖父唐高祖李渊的嫔妃，故由她辅导高宗习学的安排只有在高祖去世之后才可能实施。唐高祖于贞观九年（635）五月去世，当时长孙皇后染疴已重，《旧唐书》本传云其“八年，从幸九成宫，染疾危惙”，在此背景下安排由薛婕妤来为少年李治讲授经史，可谓意味深长。李治成年后雅好文艺，喜唱和，这在姬总持墓志、薛元超墓志中皆存有相关文字，不知是否与少年时薛婕妤的熏染有关。另一方面，根据唐初的惯例，皇帝去世后，未生育子女的嫔妃将会离开宫廷，被安置在一所与皇室关系密切的尼寺中，这座尼寺则会被改为别庙，供这些先皇旧人聊度余生。据记载唐高祖别庙位于长安的丰乐坊，本为证果尼寺，高祖去世后，改称静安宫。与一般嫔妃不同，薛氏因教授高宗的缘故，得以留在宫中，避免了青灯古佛了却残生的命运。

高宗登基后，封薛婕妤为河东郡夫人，给予了她外命妇的身份。这一内外命妇身份的转换或许是为了给薛氏出入宫廷提供便利，毕竟在高宗成年后，薛氏作为先帝婕妤要想长期居留宫内，需要一个新的身份来塞住悠悠众口。唯稍有疑问的是薛氏仅获封三品郡夫人，未如姬总持、卢氏、齐国夫人一样获封一品国夫人，推测或是与她原来婕妤三品的品级相对应。数年之后，波澜又起，薛氏请求出家为尼，显庆元年二月，高宗特意安排玄奘为她受戒。尤可注意的是，高宗在宫内为薛尼建造鹤林寺，从而将她挽留在宫中，薛尼得以出家而不离宫，高宗安排的周到及背后的关切不难想见。而与薛氏出家几乎同时，高宗的后宫正在发生着巨大的变动，武氏在永徽六年（655）十月被立为皇后，次年正月废陈王忠，改立武后所生李弘为太子，大赦，改元显庆，薛氏恰恰在这一普天同庆的时刻选择出家为尼，时间上巧合得令人生疑，而薛氏最终确实是以武后政敌的身份留下了在史书中的最后一笔。

这一话题则要从薛氏的侄子薛元超说起，薛元超，名震，以字行，其父薛收是著名的秦府十八学士之一。薛元超早孤。十六岁，补高祖挽郎。十九岁，尚和静县主。父子两人皆与唐皇室关系密切。李治被立为太子，薛元超同时被任命为太子通事舍人，是高宗的藩邸旧臣，两人年岁相若，私人关系极为密切。薛元超墓志（《唐代墓志汇编续集》垂拱003）记载高宗登基之初："公之姑河东夫人，神尧之婕妤也，博学知礼，常侍帝翰墨，帝每谓曰：不见婕妤侄一日，即疑社稷不安"，可知高宗继位初年，姑侄二人分居内外，对于政事颇有影响。因为这一层关系，薛元超在永徽六年便被擢拜为黄门侍郎，当时不过三十二岁，薛氏对此亦颇为自得：“元超为黄门虽早，方高祖适晚二年。”众所周知，高宗最后一次尝试制衡武后是在麟德元年（664）密召上官仪草废后之诏，不料事未行便被武后发觉，上官仪因此被诛。薛元超本传及墓志皆云其受此事牵连而遭流放，但对其中的原因则闪烁其词，“上官仪伏法，以公尝词翰往复，放于越嶲之邛都”。《册府元龟》卷九三三保留了一段更详尽的记载：“初（上官）仪尝为陈王府咨议，与王伏胜俱事梁王忠府。由是许敬宗构仪云：‘与忠通谋。’遂下狱死，家口籍没。于是，左肃机郑钦泰、西台舍人高正业、司虞大夫魏玄同、张希乘、长安尉崔道默并除名，长流岭南远界，与仪结托故也。简州刺史薛元超及姑河东夫人坐与仪交通，元超长流嶲州，薛氏削邑号，幽于静安宫。”可知除了上官仪、薛元超外，卷入此事者为数不少，亦包括了薛氏。值得留意的是，薛元超时外贬为简州刺史，并未在朝廷中，亦与上官仪消息相通，或可推测高宗废后之谋恐非临时起意，之前曾有先期酝酿，至少可以证明上官仪与薛元超同为高宗的藩邸旧臣，一直过从甚密，以至于被武后视为同党。另一方面，薛氏出家为尼后，也没有远离政治，利用其居于宫内的便利，传递消息。直到此时，迫于武后的威逼，薛氏才被驱逐出宫，软禁在唐高祖的别庙静安宫这一她原定的归宿之处。此时距离高祖去世的贞观九年，已过去了约三十年。

尽管遭此变故，高宗一直没有忘记薛元超这位旧时知交，十余年后终于有机会将他召回朝廷，拜正谏大夫，此时薛元超五十三岁，已步入暮年，之后历任中书侍郎、同中书门下三品、中书令等要职。薛元超墓志中保留了一段高宗晚年体现君臣之间亲密友谊的动人对话，“帝尝机务余，语及人间盛衰事，不觉凄然，顾谓公曰：‘忆昔我在春宫，髭犹未出；卿初事我，须亦未长。倏忽光阴卅余载。畴日良臣名将，并成灰土，唯我与卿白首相见。卿历观书记，君臣偕老者几人？我看卿事我大忠赤，我托卿亦甚厚。’公感咽稽首，谢曰：‘先臣攀附，文帝委之心膂；微臣多幸，天皇任以股肱。父子承恩，荣被幽显，誓期煞身奉国，致一人于尧舜。窃观天仪贬损，良以旰食宵衣；唯愿遵黄老之术，养生卫寿，则天下幸甚。’”自古君臣之间始易终难，两人自少年相交至白头君臣，三十余年间历经沉浮，昔日良臣名将，多归黄土，而此时武后已权倾天下，大唐社稷风雨飘摇，薛元超力劝高宗“遵黄老之术，养生卫寿，则天下幸甚”，所针对的对象不言自明。久病缠身的高宗最终没有能熬过武后，薛元超本人则因“帝疾剧，政出武后。因阳喑，乞骸骨”，虽没有实践杀身奉国的诺言，亦算得上不负君臣之义，最终死于武后临朝称制的光宅元年（684），时年六十二岁。

保母与皇帝或许是最微妙的主仆关系，虽然地位相差悬殊，但私人之间的情感纽带又难以完全斩断。北魏前期为防止母后专权，推行过子贵母死的制度，但吊诡的是太子登基后，虽然生母已被赐死，往往改封保母为保太后代替之，甚至出现过保太后专权的局面。唐初或承其余风，保母在政治上颇为活跃，受封为外命妇者并不鲜见，除上文举到的，又如李承乾乳母封遂安夫人，中宗韦皇后乳母封莒国夫人，武后还撰写过一部《保傅乳母传》，可惜内容已不得而知。即便如此，像唐高宗那样一位皇帝有四位保傅资料存世，仍可谓极为罕见的案例，尽管历史资料留存多少受偶然因素的左右。透过这些隐没在浩瀚典籍中的草蛇灰线，或许可以帮助我们在冰冷残酷政治算计之外，窥见一位被公认为庸弱的皇帝生命中温热的情感。

上官婉儿墓志悬测

笔者8月25日曾在《上海书评》发表《复数的上官婉儿》一文，借新出姬总持墓志、司马慎微墓志检讨女性在初唐宫廷中的作用，所论其实与上官婉儿关系不大，不无标题党的嫌疑。孰料一语成谶，上官婉儿墓近日于西安发现，一时间轰动海内，成为全民热议的话题，甚至惊动了洋夷，据说连BBC也做了报道。于是，陆灏先生命我就上官婉儿生平可论处再写一篇小文，实颇感惶恐。上官婉儿生平所存文献极为有限，这两日更是言人人殊，而史语所的郑雅如女士曾撰《重探上官婉儿的死亡、平反与当代评价》（刊《早期中国史研究》四卷一期）一文，对相关的文献已有详尽的分析考辨，因而要在其中讲出一点新意，恐非易事。但仔细比读文献之后，笔者对于上官婉儿之死及身后事倒有了一个与以往不同的大胆推测，但在墓志未公布之前，妄加猜测，本为史学研究之大忌，好在之前已做了一次牛鼻子老道，或可再语乱力怪神一次。至于猜得对不对，各位看官待到墓志公布之后，便可自见分晓。

根据媒体对上官婉儿墓发掘报道中透露出的有限信息，我们已知上官婉儿墓规格不低，墓长三十多米，共有五个天井。天井

上官婉儿墓志盖

数量的多少是唐代前期贵族墓葬规格的重要标识之一，如那位起兵欲诛韦后、上官婉儿而被杀的李重俊，唐隆政变后得到平反，谥曰节愍，以太子之礼改葬，其墓亦不过是五个天井，只是规模稍大，长五十四米，可见上官婉儿确实是按照昭容身份以礼安葬的。目前报道中唯一可知关于上官婉儿墓志文字的信息是云其葬于景云元年（710）八月，志文多赞词，若这一信息无误的话，则极为关键。

上官婉儿死于景云元年六月二十日夜由李隆基与太平公主联合发动的唐隆政变中（时所用年号尚为唐隆，至七月方改元景云），而传世文献中关于上官婉儿身后事最重要的一段记载见于《唐会要》卷八〇：“惠文，赠昭容上官氏。景云二年七月追谥。初，昭容尝引其弟昱为拾遗，昱不受。谓其母郑氏曰：‘主上在房州，则武氏得志矣。今有天命，以能兴天之所命，不可贰也。而武三思有异志，天下知之，必不能成。昭容为上所信，而附会三思，诚破家之征，愿姨思之。’郑以为然，言于上官，上官笑曰：‘昱谬言，勿信之。’及三思被诛，李多祚索韦氏及上官。上官始惧，以昱言有征，遂乃归心王室。及草中宗遗制，引相王辅政。及难作，以草本呈刘幽求，幽求言于玄宗。玄宗不许，命杀之。以其有功，故此追赠。开元初，玄宗收其旧文，勒成集，令中书令张说亲为其序。”以上这段史料中，首先需要注意的是上官婉儿于景云二年（711）七月获得平反追谥，《资治通鉴》亦云“秋七月癸巳，追复上官昭容，谥曰惠文”，两书所据史源或同。何谓追复，胡三省注曰：“追复其昭容之职而加之以谥。”但据网上所见上官婉儿墓志盖的照片，志盖篆有“大唐故昭容上官氏铭”，可知上官婉儿昭容之位的追复，定在景云元年八月之前，因而笔者怀疑《唐会要》、《通鉴》中景云二年当为景云元年之误记，可据墓志正之。

而且这一推测，在传世文献中，亦可以找到旁证。《文苑英华》卷九三三收有张说撰《昭容上官氏碑铭》，此碑是上官婉儿平反后所立的神道碑，与新发现的上官婉儿墓志当作于同时。文前小注云“齐公叙不录”，齐公指的是齐国公崔日用，则此碑本由两人合撰，崔日用撰序，张说作铭，规格甚高。崔日用本属武三思一党，后改附玄宗，在唐隆政变中立下大功，因获封齐国公。他于景云元年七月入相，但仅月余便因与薛稷不合而遭罢相，寻出为扬州长史，历婺、汴二州刺史，兖州都督，荆州长史。因而景云二年七月，崔日用并不在长安，自不可能为上官婉儿神道碑作序。

若笔者以上推测不误，则上官婉儿在被杀一个月后便获得了平反，而非通常认为的一年之后，其原因何在？这便涉及唐隆政变后，睿宗、李隆基、太平公主三方势力之间的角力。稍后缔造开元盛世伟业的唐玄宗李隆基虽然是唐隆政变的主谋，但当时不过二十五岁，仅是一名小小的潞州别驾，并无多少政治号召力。因而与之前拥立中宗复位的神龙政变仰赖李多祚等禁军高级将领的参与不同，李隆基倾心结交的“材力之士”中，现有不少墓志已被发现，大都是出身微末的禁军中下级军官及兵士，而且人数恐亦有限（参读蒙曼《唐代前期北衙禁军制度研究》第三章）。于是才会出现钟绍京率丁匠百余人作为政变主力突入禁中这一颇有些滑稽的场面。钟绍京时任苑总监，分管长安宫苑的日常修缮，“凡禽鱼果木，皆总而司之”，其所率领不过是平日在宫苑中养花种树、修理房屋的工匠，如遇禁军坚决抵抗，这些素无训练的乌合之众能有多少战斗力实在是颇为可疑。因而，政变若想取得成功，必须获得武则天以来便权倾朝野的太平公主的支持。而在韦后当政后被逐渐边缘化的太平公主与李隆基一拍即合，命其子薛崇简从之。薛崇简曾任左监门卫大将军，在禁军中或有一定影响力，时任卫尉卿，是参与政变中官阶最高的人物，而卫尉“总武库、武器、守宫三署之官属……凡天下兵器入京师者，皆籍其名数而藏之”，颇疑李隆基发动政变时的武器便获致于薛崇简。故唐隆政变虽由李隆基在前台发动，但背后实仰赖于其父相王李旦的人望与太平公主的支持。

但政变成功之后，李隆基与太平公主迅速走向对立。政变之起，虽以“今夕共立相王”为号召，事后却仍以中宗之子李重茂为帝，并未将权力交给李旦。政变当夜，便下制敕百余道，次日更以李隆基亲信刘幽求为中书舍人，掌诏命；封李隆基为平王兼知内外闲厩、押左右厢万骑，控制全部禁军。同时大肆屠杀韦武宗属，崔日用将兵诛诸韦于杜曲，襁褓儿无免者，武氏宗属缘坐诛死及配流，殆将尽矣，甚至将韦皇后的尸体悬挂于市，株连之广、手段之酷毒，为唐之前的宫廷政变中所仅见。特别是武三思父子早已死在神龙三年（707）节愍太子的未遂政变中，韦后时代诸武势力并不活跃，被株连其中实属无辜。因而，正如郑雅如所指出的那样，李隆基所欲消灭的不仅是韦后一党，而且想要彻底破坏并重建武则天以来的宫廷权力结构。李隆基亦直接向太平公主本人发起了挑战，六月二十二日，政变后的第三天，便下诏停公主府，削弱太平公主的权势。

随后形势开始逆转，六月二十三日，太平公主传少帝命请让位于相王，但李隆基并未就范。当日以钟绍京为同平章事，并贬中书令萧至忠为许州刺史、吏部侍郎同平章事崔湜为华州刺史。后面这两位都是亲太平公主的人物，三年后在李隆基消灭太平公主的先天政变中皆被杀。此刻，连刘幽求亦请李隆基出面拥立相王，但最初仍被李隆基以“亲兄之子安肯代之”为由回绝，刘幽求以众心难违复请之，李隆基方才出面请其父相王即位。此时这位儿子口中“性恬淡”的父亲倒是没有拒绝，次日便即位于太极殿。这至少可以证明，仍旧以少帝李重茂为傀儡并不在最初的政变计划中，而是政变成功后李隆基自己的决断，否则不会在短短四天之内，局面并不稳定的情况下，匆忙改拥相王。睿宗即位之后，迅速改弦易辙，六月二十六日，改除钟绍京为户部尚书，罢相，寻出为蜀州刺史。同日，敕：“公主置府，近有敕总停。其太平公主有崇保社稷功，其开太平公主府，即宜依旧。”二十九日召回之前被贬的萧至忠、崔湜等，官复原位。可以说尽管用和平方式完成了权力交接，但睿宗即位后的一系列举措，不啻另一场政变。而这十天之中，李隆基与睿宗、太平公主之间激烈的矛盾冲突，之前尚未有学者措意。

上官婉儿的平反便是在这一局面下发生的，前引《唐会要》中所涉及的另一个关节点则是上官婉儿本人其实是亲睿宗的，她起草的中宗遗诏中有引相王辅政一节，并以草本示刘幽求，《通鉴》除此之外，尚记载“昭容执烛，帅宫人迎之”，可见上官婉儿对于政变并不畏惧，甚至有以拥立相王功臣自居之意。她也并非死于乱军之中，而是刘幽求请示李隆基后，在李隆基的坚持下才被杀的。而李隆基之所以要杀上官婉儿，则与之前所提到的他本欲彻底清除武则天以来统治宫廷的武、韦政治势力的初衷有关。

后来出面为上官婉儿平反的很可能便是太平公主，一个有力的间接证据来自张说所撰《上官昭容集序》（收入《文苑英华》卷七〇〇）：“镇国太平公主，道高帝妹，才重天人，昔尝共游东壁，同宴北渚，倏来忽往，物在人亡。悯雕管之残言，悲素扇之空曲。上闻天子，求椒掖之故事；有命史臣，叙兰台之新集”，则上表请为上官婉儿编集文集的正是太平公主，因而上官婉儿集的编纂并非如前引《唐会要》所记在开元间，而是在景云间。这一点陈祖言 1984 年在香港中文大学出版的《张说年谱》中早已指出，其依据《通鉴》记载上官婉儿在景云二年七月获追复，系其事于当年七月或稍后。但从目前发现的证据来看，则更可能是在景云元年七月上官婉儿平反安葬后，两事可能具体皆由张说经手，故《上官昭容集序》、《昭容上官氏碑铭》皆出自其手。那么目前发现上官婉儿墓志虽未书作者，抑或是张说或崔日用所撰？张说撰《昭容上官氏碑铭》虽辞藻华丽、堆砌典故，但其中所用的一个典故却颇可玩味，“如彼三良，秦焉悼之”，将李隆基杀上官婉儿，比作秦穆公杀良臣奄息、仲行、鍼虎，批评的意思非常明显。或亦可旁证此碑当立于李隆基处于守势的景云元年八月，而至景云二年七月，李隆基已监国，且张说已倒向李隆基一方，写这样尖锐的文字似不太可能。另据报道，上官婉儿墓曾遭到人为有计划地破坏，如墓室中的铺地砖被全部揭起，则不无可能是李隆基先天政变诛杀太平公主之后，不满于之前为上官婉儿的平反，复破坏其墓葬。但上官婉儿的墓志保存完好，并不像徐敬业起兵之后，其父李震及妻王氏的墓志皆遭人为破坏，目前这仍是一个谜团。

另一个可以提出的话题是张说与上官婉儿之间的关系。一般都认为张说系李隆基一党，其中最有力的证据是景云二年二月，张说力劝睿宗命李隆基监国。但在此之前并没有任何材料证明张说与李隆基关系密切，张说亦未曾预闻唐隆政变的密谋，他与李隆基的关系应该还是肇源于景云初侍读东宫的经历。但张说最初却是武则天后期拔擢的文学之士，故他在中宗时代作为宫廷文人群体的一员，与上官婉儿及太平公主过从甚密。张说有《奉和圣制幸韦嗣立山庄侍宴应制》诗，其中一联作"舞凤迎公主，雕龙赋婕妤。"《唐诗纪事》记其本事："先一日，太平公主、上官昭容题诗数篇。"因而，张说在上官婉儿平反一事上态度积极并不足为奇，他本人就是上官婉儿当权时"盛引当朝词学之臣"的受益者。

此次上官婉儿墓的发现，使得平日远离公众视野的考古发掘与墓志研究一时间颇受瞩目，但希望这种公众关注度的提高带来的是全民文物保护意识的增强，而不是助长愈演愈烈的盗墓之风。任何一位研究中古史的人都了解这样一个事实：最近十余年来新出土的墓志已有近五千方之多，大约与过去一百年来发现的数量相当，但其中约百分之八九十都是盗墓所得。特别是近年来随着收藏热的兴起，墓志价格在黑市上水涨船高，更助长了盗掘墓志甚至作伪的风气，而无数重要的文物资料随着盗墓活动的猖獗而永远消失。以下仅举几个最著名的例子，西安前几年追回的武惠妃棺椁，虽然被视为中美联合打击文物走私的一个成功案例，但这座规模巨大的墓葬中其他的随葬品包括玉册在内皆不知所终，须知金银器、陶俑等没有文字信息的随葬品一旦脱离了墓葬环境本身，即使在流入国内外文物市场后被追回，我们也几乎不可能再对应到其具体出土墓葬，更不用说复原其在墓葬中具体的空间位置及礼仪功能，大量重要的学术信息便在盗掘的过程中永久丧失了。

与上官婉儿多少有些关系的是，武承嗣墓志最近被刊布，这是目前发现初唐形制最大的墓志，长宽皆一百二十厘米，遭盗掘后辗转由中国农业博物馆收藏，但如此高规格的墓葬是否有其他重要随葬品出土，我们则一无所知。而此方墓志中间断裂为两截，据闻便是盗墓者盗出时，因盗洞太小，无法取出墓志，故将其截为两段，分别取出所致。须知新中国成立以后那些具有轰动意义的考古发现，如安阳的妇好墓、满城的中山靖王墓、长沙的马王堆汉墓，之所以能有重要的收获，根本的原因便在于这几座墓葬没有被盗或仅在早年被盗。对于研究资料极为有限的中古史而言，新出碑志是包括笔者在内很多同行关注的焦点，但若只能通过非考古途径来获致新知的话，那我宁可不再有机会看到这些负载着原罪的新材料。

附记：本文撰写时上官婉儿墓志尚未刊布，仅依靠媒体上透露简单的信息与公布的志盖照片撰成。后来墓志刊布后，所幸结论大致可以成立，但仍有细节上的出入。笔者对于上官婉儿墓志的系统研究，可参读《碑传与史传：上官婉儿的生平与形象》，《学术月刊》2014 年第 5 期。

题有剩义的上官婉儿墓志

新年伊始，广受众人关注的上官婉儿墓志正式刊布，遵循考古学界“先研究、再发表”的惯例，在墓志公布的同时也发表了李明、耿庆刚两位先生合撰的《〈唐昭容上官氏〉墓志笺释》(刊《考古与文物》2013 年第 6 期）一文。而西安当地的学者缘地利之便，可能稍早已获悉了墓志的内容，陕西师范大学杜文玉教授在《文史知识》2014 年第 1 期上发表的《被误读的上官婉儿》一文便已利用墓志，解读上官婉儿的生平。笔者去年曾在 9 月 22 日的《上海书评》上根据新闻报道中透露出的一些信息，对礼葬上官婉儿一事的背景及墓志的学术价值做了一些“大胆的假设”，现在看来所幸尚无大错。而墓志全文公布之后，笔者注意到其中的史料价值超过了最初的预期，虽已有两篇论文捷足先登，但仍存在不少剩义以待发覆。

关于上官婉儿的生平，除了两《唐书》本传及笔者前文所引《唐会要》中的一段外，《太平广记》卷二七一引《景龙文馆记》一则颇具价值，特别将其和墓志比读，多有可互相发明之处，可惜学者之前尚未有措意者。“唐上官昭容之方娠，母郑氏梦神人畀之大秤，以此可称量天下。生弥月，郑弄之曰：‘尔非秤量天下乎？’孩哑应之曰：‘是。’襁中遇家祸，入掖庭。年十四，聪达敏识，才华无比。天后闻而试之，援笔立成，皆如宿构。自通天后，逮景龙前，恒掌宸翰。其军国谟猷，杀生大柄，多其所决。至若幽求英隽，郁兴词藻，国有好文之士，朝希不学之臣，二十年间，野无遗逸。此其力也。而晚年颇外通朋党，轻弄权势，朝廷畏之矣。玄宗平难，被诛。”对比两《唐书·上官昭容传》，可知宋人修《新唐书》时新增的部分事迹，如上官婉儿年十四为武后所赏识等，当取资于此书。《景龙文馆记》原为十卷，南宋后渐亡佚。作者武平一，为颍川郡王武载德之子，这位武载德便是笔者《复数的上官婉儿》一文中提到过的引司马慎微妻李氏入宫掌诏敕之人，但武平一在武后时期一直隐居嵩山，自远于政治中枢。中宗时复入长安，虽是景龙年间贵戚群臣宴饮游乐群体中活跃的一员，但政治立场较为超然，故玄宗即位后，虽亦遭贬谪，幸尚保余生。晚年所作《景龙文馆记》一书详细记载了中宗景龙年间宫廷中巡幸宴游、赋诗唱和之事，由于景龙间的宫廷诗歌唱和对促成律诗的演变成熟颇有助力，加之是书录有大量当时君臣之间的唱和诗，如现存世上官婉儿诗歌主体皆据是书佚文辑出，故特为治文学者所重视，贾晋华教授、陶敏教授先后曾有辑本（贾晋华辑本收入《唐代集会总集与诗人群研究》，陶敏辑本与《集贤注记》辑本合刊，2015 年由中华书局印行），大致可见原书的面目，但治史者关注并不多。

前引《景龙文馆记》上官婉儿一则，盖出自是书后三卷学士传部分，由于武平一是中宗时代宫廷生活的局内人，故其所述具有第一手的史料价值，其中最关键的一句是“自通天后，逮景龙前，恒掌宸翰”，则上官婉儿预机密的时间当是在武后万岁通天后至中宗景龙之前，《新唐书·上官昭容传》不取《旧唐书》“圣历已后，百司表奏，多令参决”之说，而云“自通天以来，内掌诏命”，即本自此条。尤可注意的是，本条记上官婉儿在景龙后便已不掌诏敕，从权力中心隐退，虽与通说有异，但恰好能与《新唐书》本传、《唐会要》云其受神龙三年太子李重俊政变的刺激，归心皇室，暗中布置政治退路的记载相吻合，亦可与墓志中“先帝自存宽厚，为掩瑕疵，昭容觉事不行，计无所出。上之，请擿伏而理，言且莫从；中之，请辞位而退，制未之许；次之，请落发而出，卒为挫衄；下之，请饮鸩而死，几至颠坠”这一惊人的记事相发明。尽管墓志所记或有夸张的成分，但综合传世文献与墓志，上官婉儿在神龙三年政变后与韦后一党逐渐疏远当是事实。其中最重要的证据，便是其退为婕妤之事，墓志中云其是因不满韦氏专权而“表请退为婕妤”，《唐大诏令集》卷十五录有《起复上官氏为婕妤制》，云其因为母郑氏守孝而“爰命权夺”，两者所叙理由虽大相径庭，但上官婉儿在景龙间因某种原因淡出政治中心一事则进一步坐实。由于我们并不清楚郑氏去世的具体年月，因而也无法推定上官婉儿守制的时间，但从《景龙文馆记》中仍能找到一些蛛丝马迹，即在景龙二年十二月十九日至景龙三年十二月十二日长达一年的时间内，上官婉儿并没有在频繁举行的宫廷唱和活动中出现，而在此之前及之后，上官婉儿都是其中的常客。尽管由于现存的《景龙文馆记》是一个辑本，使得这一推定的可靠性多少存疑。但仍有一些旁证可强化这一推论，如在景龙三年几次大规模的宫廷唱和活动中，如八月二十一日幸安乐公主山庄，参与者有十五人，又九月九日临渭亭登高，参与者更达二十四人之多，可以说基本完整保存了唱和过程的全貌，但其中仍未见上官婉儿的身影。而

上官婉儿墓志

据《起复上官氏为婕妤制》，上官婉儿起复婕妤的时间为景龙三年十一月二十九日，这一变化则立刻在《景龙文馆记》的记事中得到反映，其在十二月十二日便出现在从中宗幸新丰温泉宫的队伍中，并献诗三首。

由于受史料限制，上官婉儿在中宗景龙年间的隐退与起复，背后的真正原因，我们目前尚难确认。但值得注意的是，上官婉儿起复的时机颇为微妙，景龙三年末，朝廷中的政治斗争已趋白热化，次年六月中宗便遭毒杀，而上官婉儿起复后，亦非无所作为，而是受命重掌诏敕，中宗的遗诏出自其手，便是一证。过去史家对于中宗的印象多停留在放纵妻女、昏聩无能的“和事天子”层面，台湾青年学者褚文哲曾以《制作李显》为题发表过两篇论文（刊《社会 / 文化史集刊》第 3、4 辑），试图借助新文化史的方法来分析两《唐书》、《通鉴》对中宗昏聩形象的刻意塑造，但由于史料不足，这一尝试并不能算十分成功。但上官婉儿墓志的发现则进一步提示我们，中宗朝的宫廷政治远比过去史家设想的复杂，对于中宗本人的政治能力亦有重新评估的必要。

武则天在圣历元年将中宗从房陵召还，立为皇太子，是她晚年最重要的政治安排，当时中宗离开长安这一政治中心已有十四年之久。武则天晚年为何放弃为皇嗣十余年并无过错的睿宗李旦，改立中宗为储，本身便颇值得玩味。周振鹤先生早已指出交通不便的房陵自秦汉以来便是朝廷流放权臣、诸侯王的首选，仅西汉一代便有六位犯法被废的诸侯王徙于房陵（见《西汉县城特殊职能探讨》，收入《周振鹤自选集》）。因而，谪居房陵时期的中宗，常有朝不保夕之感，当然更谈不上在长安宫廷中有何政治奥援。待其重返长安后，虽贵为皇嗣，但在政治上仍属孤家寡人，神龙政变，亦非出自本意，而是“被”黄袍加身。另一方面，上官婉儿一家与中宗则颇有渊源，其父上官庭芝被诛前曾为周王府属，是中宗的王府旧僚，上官婉儿没入宫后，与中宗亦可能存在交集。因而在朝中缺乏根基的中宗，神龙元年即位之初，便将谙熟宫中情势的上官婉儿从五品才人拔擢为二品昭容，并赋予更大的权力，大约与此背景有关。因而，墓志中所记中宗对于上官婉儿的种种恩遇与信用，恐非全是虚饰之词，特别是景龙三年末，中宗起复上官婉儿，命其重掌诏敕，其间是否有抑制韦后专权的用意，颇值得推敲。而上官婉儿起草的中宗遗制，安排“韦庶人辅少主知政事，授安国相王太尉，参谋辅政”，而韦温、宗楚客以“嫂叔不通问”为由削相王，独以韦后临朝（《旧唐书》卷八八《苏瓌传》），亦可知上官婉儿与韦后的政治立场有异。因而在诛杀诸韦的唐隆政变中，上官婉儿并无畏惧，“执烛帅宫人迎之”，并以诏草示刘幽求。李隆基之诛上官婉儿，乃缘于其荡涤旧恶、重建权力结构的政变谋划，并非因其为韦后党羽，后来因一时无法扳倒太平公主，不得不暂作退让，礼葬上官婉儿，此点笔者在《上官婉儿墓志悬测》一文中已有讨论，兹不赘述。

墓志云上官婉儿葬于景云元年八月二十四日，即在政变两个月后，而墓志通篇叙其为婕妤，志盖则篆题为“大唐故昭容上官氏铭”，可知上官婉儿昭容的赠官下达得较迟，故不及在志文中体现，仅书于盖。墓志长 73 厘米，宽 75 厘米，是初唐三品官员墓志常见的规格，其最初可能还是按婕妤三品的身份来安排葬事的。与笔者先前的推测一致，上官婉儿的葬事由太平公主主导，“太平公主哀伤，赙赠绢五百匹，遣使吊祭，词旨绸缪”，这一安排并不寻常。从制度规定而言，赙赠与遣使吊祭皆当出自诏命，如《通典》规定诸职事官薨卒，文武一品赙物二百段，粟二百石，以下按品级递减，而笔者曾讨论过的高宗保母姬总持墓志，高宗“赠绢布贰伯段，米粟贰伯硕，五品一人监护丧事”，便是这一制度运作的实例。一般人臣只是吊祭时赠物，因而，太平公主之举颇有僭越之嫌。若将此和赠官下达较迟一事联系起来，则朝廷对于礼葬上官婉儿一事的真实态度相当暧昧。由于墓志中未记上官婉儿的谥号，不知其“惠文”的谥号得自何时。一般而言，赠官与谥号当同时颁下，但上官婉儿的葬事本身就是李隆基与太平公主互相博弈妥协的结果，尽管不排除太平公主在景云二年七月再次动议追谥上官婉儿，但其年二月，李隆基已以太子身份监国，从目前的材料来看，似无加谥上官婉儿的背景。笔者个人更倾向于认为，上官婉儿昭容的赠官和惠文的谥号皆得于安葬时，只是与赠官一样，谥号下达较迟，未及刻入墓志。

墓志明言上官婉儿年十三为高宗才人，神龙元年，中宗继位后进为昭容，则至少在名义上她先后为高宗父子两代皇帝的嫔妃。武则天虽亦曾先后侍太宗父子两人，但高宗在立其为皇后的诏书中仍用“朕昔在储贰，特荷先慈，常得侍从，弗离朝夕”曲为掩饰，而骆宾王《为徐敬业讨武曌檄》中则将武后“昔充太宗下陈，尝以更衣入侍”作为一大罪状昭告天下，则唐人虽大有胡气，“闺门失礼之事不以为异”，但并未开放到如此地步。从制度而言，唐代后宫有嫔妃、女官两套系统，女官系统主要设有尚宫、尚仪、尚服、尚食、尚寝、尚功等职，分掌宫中服御药膳之事，如德宗时有女学士之称的宋若昭便曾为尚宫，掌宫中记注簿籍，韦后时亦有尚宫柴氏、贺娄氏。除此之外，一些命妇亦可出入宫掖，承担政治使命，如司马慎微妻李氏受命掌诏敕当属此类。而上官婉儿以嫔妃的身份承担女官或命妇的职任，则反映出当时女官与嫔妃之间的身份界限并不如先前认为的那样泾渭分明，这或许是女主当政时的特殊形态，毕竟当时甚至出现过以贺娄氏为内将军、掌禁卫这样的奇事，那么再发生任何事情也不足为怪了吧。

安史之乱的另一面

渔阳鼙鼓动地来，惊破霓裳羽衣曲，发生在公元755年的安史之乱不但是整个大唐帝国由盛转衰的转折点，后世史家甚至视之为整个中国古代历史重要的分水岭之一。这支起自帝国边鄙、杂糅胡汉的安史叛军，以风卷残云之势在不到两月的时间内便攻陷洛阳，并于次年六月在潼关击败哥舒翰率领的大军，玄宗仓皇逃离长安，燕政权一度占据了半壁江山。唐廷后来虽经八年浴血苦战，最终得以底定叛军，重建一统，但仍不得不绥靖其余部，纵容这些世居河朔的骄兵悍将取得半独立的割据地位，自此之后藩镇问题与有唐一代相始终。而安禄山这位身世暧昧、粗鄙无文的塞外武夫究竟有何神通，一时之间竟摇动了一个庞大帝国的根基，甚至若非因其内部的倾轧，燕唐之间，鹿死谁手，恐怕都很难说。史家很早就注意到安禄山、史思明这样唐廷眼中大逆不道的叛臣却在河北地区深孚人望，“俗谓禄山、思明为二圣”，因而所谓安史之乱，断非起自青萍之末，背后有着深厚的社会基础为其支撑。

但中国传统王朝历史的书写，本身就带有建构王朝政治合法性的目的，采取某一王朝的正统立场本是其中的常态，因而目前所见传世文献中关于安史之乱的记载，大体本自唐王朝的正统立场，将安史政权斥为叛逆僭伪，其论述带有鲜明的尊唐贬燕色彩。但对于当代史家而言，王朝正统论笼罩下的史学编纂不过是一种选择性的记忆，其通过对史料有意识地择别、剪裁，构建出有利于唐王朝的历史叙事，反倒在一定程度上妨碍了我们深入理解安史之乱的社会背景。而使用安史年号的墓志，其所记录的逝者都是身处安史统治区域内的官民，作为当时存留下来的第一手材料，未经后人的删削，多少能透露出一些历史真相，是颇值得玩味的史料。

在目前已发现的数十方行用安史年号的墓志中，涉及社会的各个阶层，但基本上是不见于史传的小人物，所能提供的信息颇受局限。但前几年在洛阳先后出土了安禄山谋主严庄父亲严复及其弟严希庄的墓志，是少有的涉及安史之乱核心人物的墓志，提供了很多重要的信息。严庄作为安禄山的心腹谋臣，是策动安史起兵关键人物之一，安禄山称帝后，严庄官至中书侍郎，后伙同其子安庆绪谋杀安禄山，安庆绪继位后，更以严庄为御史大夫、冯翊王作为酬庸，“事无大小皆取决焉”，故权倾一时。郭子仪收复两京后，严庄见安庆绪势颓，复降唐，为司农卿。由于两《唐书》并未给严庄立传，过去我们对这样一个叛军重要人物的家世背景并无多少了解，现据新发现的两方墓志可知，严庄的曾祖严承构曾任沧州司户参军，因举家徙居于沧州，但严庄的父亲严复、祖父严亮都没有仕宦经历，大约出自河北当地不得志的中下层文人家族，所以因天下大乱而得以肆行其志。有意思的是，尽管墓志中大肆称扬严复早年命严庄投效安禄山先见之明，但严复及其少子严希庄却一直居住在沧州老家，并未随安史叛军南下，似乎又和安史政权保持了一定的距离。因而当颜真卿兄弟在河北策动反正时，景州长史李暐亦起而响应，并将居住于此的严复父子扣为人质，进而诛戮其家。

对于唐代政治史研究而言，严复墓志提供的最有史料价值的一段记载是："天宝中，公见四星聚尾，乃阴诫其子今御史大夫、冯翊郡王庄曰：此帝王易姓之符，汉祖入关之应，尾为燕分，其下必有王者，天事恒象，尔其志之。"之前已有不少学者指出，安史乱军具有鲜明的胡化色彩，多利用佛教、祆教等方式团聚部众，进行政治动员。但这种动员方式往往需要以某种特定的宗教信仰为依托，其涵括的对象不免有限，特别是如祆教这样带有鲜明胡族色彩的宗教，对于汉人社会的辐射力毕竟相当有限，因此只能被运用于团聚叛军的核心力量，甚至在起兵过程中过度凸显这种胡神夷教的特质，反而会激起汉族士人的夷夏正统之辨。因此，

严复墓志

安史政权在利用袄、佛等宗教凝聚内部的同时，亦必须寻找另一适当的方法，争取以尊奉儒学为基本文化底色的汉族吏民的支持，构造其政治意识形态上的内外两面，安史政权的这种两面性我们在过去的研究中注意得尚不多。现从严复墓志可以得知，利用传统的五德终始的学说，以五星会聚的天象变化作为易代革命的先兆，宣扬金土相代之说，是安史政权争取人心，笼络推重儒家正统之辨的士大夫阶层，建构正统观念与王朝政治合法性的重要方式，甚至安禄山之所以选择“燕”为国号，也很可能与墓志中提到的“尾为燕分，其下必有王者”的谶语有关。

事实上，安史政权在利用华夏传统的思想文化资源构筑王朝正统性方面的举措并不少，例如安禄山建立燕政权后，将唐代的官方道观开元观更名为圣武观（马凌虚墓志，《唐代墓志汇编》圣武 001），封安立墓志中则提及其担任住持的景州明德寺，在史思明称帝后避讳改名为顺德寺，“因寺连帝讳，因改为顺德寺焉。则和上又为顺德寺之高僧也”，都显示出熟练操纵相关政治象征符号的技巧，透露了与既往认知不同的一面。

另外可以注意的是两方墓志撰者与书者，严复墓志的作者赵骅、严希庄墓志的作者房休都是当时著名的文人，两位作者的结衔都是中书舍人。中书舍人在唐前期专掌诏诰侍从，号称是文士之极任，朝廷之盛选，地位十分显赫，可以说这两位墓志的作者是当时安史政权中非常受重视的御用文人。墓志的书丹者刘秦，赵明诚《金石录》中曾著录由其书丹的陈文叔碑，葬于天宝十三载（754）闰十一月的李氏是玄宗的孙女（《唐代墓志汇编》天宝 258），其墓志亦由刘秦书丹，所题结衔为“朝议郎行太子宫门郎翰林院供奉刘秦书”。窦臮《述书赋》则云其妹亦以书法见称，可知刘秦出身书法世家，天宝年间曾为翰林供奉，大约亦是书法专长为其职事，陈叔文碑、李氏墓志都是他的“职务作品”。从墓志作者和书者的精心安排中，我们不难看出这场葬礼所具有的官方色彩。逝者的葬礼往往是生者社会权力的展现，唐代士人仕宦显达之后，大都有迁居、迁葬于两京的习惯，学者一般将其称为唐代士族的中央化，而严庄在战乱期间，“迁神于故乡，合祔于北邙”，不惜千里迢迢将严复夫妇、严希庄夫妇迁葬洛阳，而不是就近安葬于定居已三世的沧州，无疑是对这一传统的有意模仿，亦从侧面证明燕与唐在政治文化上的延续性。优厚的褒赠、耗费巨大的迁葬、规模宏大的葬礼，无不凸显了严庄显赫的权势与地位。而对于安史政权而言，当时正处于唐军步步进逼的困境之中，正好也可以借助葬礼这一具有表演性的政治仪式，公开表彰为其政权牺牲的“烈士”，凝聚叛军的人心。

在这几位预其事的文人中，我们对于赵骅的经历了解的稍多，赵骅应该是陈留陷落时随太守郭纳一起投降安史的，赵骅仕唐时不过仅仅是陈留采访使支使这样微末的小官，入燕之后遽至中书舍人之要任，并受封襄陵县开国男，可见其在安史政权中因文才而受到重视，因而官运亨通，青云直上。两《唐书》中讲他为安禄山所胁从，恐怕不太可信。但有趣的是，在平定安史之乱后，唐廷曾经严厉地整肃附逆的伪官，当时著名的文人王维、郑虔皆牵连其中，赵骅亦随例被贬为晋江尉，但这一“仕伪”历史污点并未影响他之后的仕途，后来还官至秘书少监这样的清要之职。更有意思的是后来由于赵骅死于泾原之变中，勉强也可以算作是为国死节，因而还被列入了《旧唐书·忠义传》，这只能说是开了历史一个不大不小的玩笑。从中也可以看出赵骅在安史政权中的具体作为，中唐以后的人们可能便所知不详，若非此方墓志的发现，这一秘密大约永远会被埋在历史的废墟之中。

严庄在至德二载十月初五为他的父母、弟弟举行了这场隆重的葬礼，但当时安庆绪政权已在风雨飘摇之中，九月广平王李豫与郭子仪率领的大军已克复长安，兵锋直指洛阳。仅仅在这场葬礼的十天之后，严庄统领安史叛军与唐军大战于新店，大败而归，洛阳失守已不可避免，六天之后，严庄本人也在穷途末路之际投降唐廷。墓志中特别提到严庄还为他父亲树立了神道碑，记载“门风世德，积行累仁，王业之本由，臣节之忠孝”，内容文字与墓志互有详略，但这块矗立于地上，作为安史政权官方宣传品的神道碑，大约没有埋在地下的墓志这么好的运气，尚有千载重光之日，或是在唐军入洛之后不久，便为人所毁。

一位“贰臣”的生命史

近年来随着不少与安史之乱有关碑志的刊布，学者对于安史集团的构造及这场叛乱所造成的社会动荡有了更加清晰的认知。另一方面，在安禄山攻占两京前后，有大批唐廷重臣投附安史，而在安史之乱平定前夕，同样也有大量安史将领归降唐廷，这批依违于两方之间“贰臣”的向背不但对于叛乱的扩大或平息具有重要的催化作用，同时对安史降将的安置失当也被视为中晚唐藩镇问题形成的滥觞。

从传统的认识而言，大体上皆认为唐廷对曾经有过“失节”经历的旧臣处分严厉，如陈希烈、张垍等附逆的重臣皆被赐自尽，即使情节较轻者，也逐一受到清算，或遭流放、或遭贬谪。其中最为世人所知的大约是著名诗人王维的遭际，郭子仪收复东都后，曾任伪职的王维与郑虔、张通一起被囚禁在洛阳宣阳里，等候处分。这三位都是有名的文士，皆具绘画才能，“崔圆使绘斋壁，虔等方悸死，即极思祈解于圆”，一副惶惶不可终日的模样。郑虔后来被贬为台州司户，不久便卒于贬所。王维的运气要稍好一些，其弟王缙以官爵为他赎罪，得以减轻处罚，“责授太子中允”，免遭远谪。

但最近读到王伷墓志则颠覆了之前的认识（拓本刊《秦晋豫新出墓志搜佚续编》）。王伷其人在史籍中惊鸿一瞥，仅留下寥寥数笔。《旧唐书》记载仆固怀恩率兵第二次收复东都后，伪中书令许叔冀、王伷等向唐军投降，仆固怀恩随即释放了他们。现在因为这方墓志的发现，我们对于王伷在安史之乱中的辗转沉浮有了详尽的了解，足以还原他在乱中“四易其主”的诡谲人生。

王伷被俘时官至燕中书令，可谓是叛军中的核心人物，罪责无疑要比王维、郑虔这样的文士深重得多。但从墓志的记载来看，王伷降唐后不但未获追究，拜襄王友，之后官运还一直不错，“累升驾部、考功、吏部三郎中”。虽然后来因卷入党争，迁于左赞善大夫这样的闲职,但之前附逆的经历并未成为他宦途上的障碍，王伷在大历十四年（779）去世，为他撰写墓志的刘复是当时著名的诗人。中唐张祜《叙诗》中曾回顾盛唐以来的诗坛:“江宁王昌龄，名贵人可垂。波澜到李杜，碧海东弥弥。曲江兼在才，善奏珠累累。四面近刘复，远与何相追。迩来韦苏州，气韵甚怡怡”,将他与李白、杜甫等并题,许为一时之秀。可惜刘复本人在传世文献中记载无多，存诗亦仅十余首，与他享有的盛名无法匹配。不过刘复撰文的墓志倒时有发现，他本人的墓志也于前些年出土（拓片刊《洛阳新获墓志续编》），志文由其生前自撰，云：“性朴略，不善俗人。同事有枉而问访，则致酒炮炙，为之笑语，以免薄俗之责”，大约也是位颇有性格的人物。王伷与刘复间的渊源并不清楚，但这样一位为时人所推重的文士愿意为他撰写志文，至少证明当时的士大夫群体中，对于王伷“失节”的经历同样不以为意。

回顾王伷一生的经历，虽然他在天宝初便已进士及第，但之后仕途并不算顺利。至安史乱起，仅仕至河南道采访支使。墓志

王伷墓志

中尽管自称安禄山攻破洛阳后，王伷避居陆浑南山，后来在胁迫下才出仕于燕。不过王伷入燕后表现活跃，奉命与稍后降燕的唐兵部侍郎萧华一起前往河北道宣慰。当时颜杲卿、颜真卿兄弟在河北的起义刚刚被镇压下去，萧华、王伷宣慰河北的具体举措如何，虽不见记载，但推测其情形大约与安禄山攻克洛阳后，“遣段子光传李憕、卢奕、蒋清首徇河北”相仿，所谓胁从云云大约只是志文中的饰词罢了。特别是萧华，他是玄宗开元年间宰相萧嵩之子，父子两代深受玄宗眷顾，萧嵩另一子萧衡娶了新昌公主，此刻却积极效命新主，凭其新附唐廷贵胄的身份，来安抚顽强抵抗了近一年的河北诸郡，与不屈而死的颜杲卿相比，真可谓有云泥之别。

至德二载（757）正月，安史政权发生内讧，安庆绪伙同严庄谋杀安禄山自立，唐军借机渐渐夺取了战场上的优势。九、十月间，郭子仪的大军先后收复两京，安庆绪仓皇出奔相州，此时王佃恰好也在相州，于是再次被卷入安庆绪的政权中。与他同时陷伪的还有邵说，邵说后来自叙其经历云："值庆绪奔遁，保于相城，大搜词人，胁为己用"，王佃的遭遇或与之相仿。王佃与邵说在相州的相遇，也成为他在安史政权后期活动的一大转机。

不久之后，拥兵范阳的史思明宣布归顺唐廷，内外交困的安庆绪政权处于风雨飘摇之中。在此背景下，邵说、王佃等唐旧臣与张献诚暗中联络，结成同盟，密谋摆脱安庆绪的控制。与王佃、邵说不同，张献诚是已故幽州节度使张守珪之子，众所周知，张守珪是安禄山能够飞黄腾达的恩主。天宝中，安禄山知恩图报，奏授张献诚为檀州刺史。安禄山起兵后，张献诚追随他一路南下，无疑属于安史集团中的核心人物。此时，在安庆绪政权危如累卵之际，出身迥异的"贰臣"与"元从"竟然联合起来，暗自谋划如何自保。不过他们选择投靠的对象是史思明，而不是反正归唐。

当时史思明在以所部十三郡、八万人归唐后，受封归义王，但仍保持独立地位，同时积极扩展实际控制的地盘，招徕首鼠两端的安史旧将，"然思明外顺命，内实通贼，益募兵"，进一步挤压安庆绪的势力范围。三人选择北上赵州，进入史思明控制的范围。尽管他们表面上自称"遽闻思明款附，燕赵服从，欲取黄沙岭路，因此得归阙下"，又将未能最终归阙的原因，归咎于史思明的从中作梗。事实上，唐肃宗在收复长安之后，对于陷伪官员，处分严厉。在这一背景下，这些自知不为唐廷所容的"贰臣"与"元从"恐怕绝无自投罗网的可能，而归唐后保持了独立地位且正在积极招兵买马的史思明，则成为他们最好也是唯一的庇护人。

这几位新附者后来在史思明的阵营中表现活跃，例如邵说立刻担任了史思明的判官，并且都在史思明再次反叛南下的过程中扮演了重要的角色。王佃一直仕至燕中书令，张献诚则为兵部侍郎、汴州节度使，《旧唐书·邵说传》对他在史思明政权中的活动有更详细的描述：“与史思明父子定君臣之分，居剧官，掌兵柄，亡躯犯顺，前后百战，于贼庭掠名家子女以为婢仆者数十人，剽盗宝货，不知纪极。”奇怪的是，这几位在史朝义兵败后，先后归唐，但这些反覆不定的“贰臣”不仅没有受到处分，反而宦途顺达，邵说甚至一度有入相之望，这与之前陈希烈等人的命运形成了鲜明的对比。

这种前后间的巨大反差与唐王朝处分“贰臣”政策的转向有着密切的关系。至德二载十月，唐军在收复两京之后，如何处分陷伪的官员，便激起朝野上下的争论。郭子仪等从开始便力主怀柔，但肃宗忿于原本深受国恩臣僚的反复，决意严惩，以六等定罪，处分“贰臣”，“重者刑之于市，次赐自尽，次重杖一百，次三等流、贬”。值得注意的是在所谓六等定罪中，前三等其实都处以死刑，“重杖一百”的实质是杖毙于京兆府门，“达奚挚、张岯、李有孚、刘子英、冉大华二十一人，于京兆府门决重杖死”。除陈希烈等七人赐于大理寺自尽，稍存体面外，达奚珣等人斩于独柳树下，“集百僚观焉”，当众给予羞辱，考虑到自开元以后，玄宗已基本停止了刑人于市的做法（《唐六典》云：“古者，决大辟罪皆于市。自今上临御以来无其刑，但存其文耳”），这无疑是特别的举措。这一系列严厉的处分，都透露出唐廷严惩“贰臣”的决心，以儆效尤。不但如此，即使未曾出仕伪燕，凡因各种原因与安史政权有所干系者，皆需向朝廷自首才能获得赦免，即如肃宗十月壬申制所云：“其因战被虏，或所居密近，因与贼往来者，皆听自首除罪。”在这一肃杀的氛围中，甚至连被俘后殉国者，亦遭另眼相看，例如在安庆绪逃离洛阳前被仓促杀害的唐军将领程千里，便因“终以生执贼庭，不沾褒赠”。之前提到王维、郑虔忧悸惧死，要放在这一背景下才能理解。

但是这一举措在朝野上下招致了强烈的反弹。从现实层面考虑，陷伪官员数量庞大，“为贼所污者半天下”，若要做大范围的清查甄别，施以处分，不但工作量巨大，更会导致人人自危的局面，进而摇动人心，所谓“今悉诛之，是驱之使从贼也”。主张从宽处分陷伪旧臣的官员，如李岘等，大体皆以此执论。这些物议最终促成肃宗在乾元元年（758）六月下诏，“敕两京陷贼官，三司推究未毕者皆释之；贬、降者续处分”，停止了进一步的清算行动。

当然更具决定性的因素是战争形势的陡变，史思明在相州之战中击破九节度使，进而兼并安庆绪，再次攻取洛阳，叛军气焰转炽，重新占据了主动。在此背景下，这一彻底清算“贰臣”的政策已无继续推行的可能，到了必须改弦更张的时候。在此之后，唐廷坚持采取怀柔绥服的政策，以期尽快结束战争，重致太平。宝应元年（762）十月，唐军再次收复洛阳，史朝义奔亡河北，代宗立刻于十一月辛巳下制：“东京及河南、北受伪官者，一切不问”，前后对比，恍若隔世，不免让人有宽严皆误之讥。而如王伷这样八年中先后辗转于安禄山、安庆绪、史思明、唐廷之间的反覆之人，受益于这一政策的转向，得以在战乱平定之后，毫发无损地继续其在唐廷的仕宦生涯。

更值得注意的是当时人对于“贰臣”的看法。《太平广记》引《谭宾录》中记载了一个故事，主张严厉处分“贰臣”的崔器不知为何得病脚肿，不久病势渐沉，闭上眼睛便看到达奚珣，盖是达奚珣的冤魂向其索命，崔器扣头求饶，不久便去世了。达奚珣原为河南尹，因在洛阳沦陷时投降安史，收复两京后被处决，最近他的墓志也在洛阳出土（拓片刊《洛阳唐代达奚珣夫妇墓发掘简报》，

《洛阳考古》2015年第1期）。需要说明的是当时小说的概念与现代有所不同，而且《谭宾录》多取材于国史（参读贾宪保《从〈旧唐书〉〈谭宾录〉中考索唐国史》，《古代文献研究集林》第1辑），而《旧唐书·崔器传》同样采信了此事，只是文字稍微简单些。因此，这件事情虽然涉及因果报应，在现代人看来似有不经，但绝非一般小说家捏造的神异故事，国史载录此事盖存诫鉴之意，认为崔器严酷好杀，因此招致现世之报。当时人甚至将史思明的复起坐大，归咎于崔器等严厉处分陷伪臣僚，“两京衣冠，多被胁从，至是相率待罪阙下。而执事者务欲峻刑以取威，尽诛其族，以令天下”，透露出朝野上下对于之前严厉处分“贰臣”举措的不满。

因此，与一般印象不同，在安史之乱平定前后，朝廷中弥漫着对“贰臣”的同情。除了上文所举种种，在出土墓志中亦不乏其例。如由名臣崔佑甫撰文的寇锡墓志（《唐代墓志汇编》大历064）云：“天宝季年，虏马饮于瀍涧，公拔身无地，受羁伪职，乘舆返正，以例播迁，迁于虔州，为法□屈也”，同时舆论又将崔器、吕諲等主张依法严惩的大臣目为酷吏，“諲用法太深，君子薄之”。或受此影响，欧阳修等在编纂《新唐书》时将崔器列入《酷吏传》，与索元礼、来俊臣之流同列。在这种舆论氛围下，编排出崔器遭报应的故事也不足为奇了。

这种公开地对“贰臣”抱以“同情之理解”的舆论氛围，对于生长于强调“忠臣不仕二主”思想环境中的宋以后各朝士人而言，无疑难以理解。司马光在《通鉴》相关史事下特意撰写了一大段评论表示不满。清人赵翼在《廿二史札记》中也表达了类似的困惑：“堂堂大一统之朝，食禄受官，一旦贼至，即甘心从贼。此而不诛，国法安在！乃当时无不是李岘而非崔器，何也？”而这种不解恰恰反映出唐宋间在文化上的变迁。宋人以后士人强调砥砺气节，对忠的观念较之于前代不但有了强化，而且渐渐演化成一项无限义务。如冯道在新旧《五代史》中的评价完全逆转，便反映了这样的转折。因此宋以后凡遇王朝鼎革都产生了数量不少的遗民，至明清易代之际达于顶点，以至于清代编修国史时，将洪承畴等清初立下大功的降臣贬入《贰臣传》，寓褒贬之义。事实上“贰臣”之称，至清乾隆时才定型，唐人并无这样的观念，本文借用这一概念不过是为了行文方便罢了。

唐代人对“忠”义务有限性的认识，可以借卢奕谥号的争议窥见一斑。卢奕在安史之乱爆发时任御史中丞留台东都，洛阳陷落后，壮烈殉国。对于这样的一位忠臣义士，似乎不应存有任何争议，获得美谥是理所当然的。出人意料的是当时人却对他存有非议，借助保存下来独孤及议谥的文字，我们隐约可以知道反对者的观点，即洛阳的得失主要责任在负责城守的将领，卢奕不过以御史中丞的身份留台东都，为执法吏，并不承担军事上的责任，因此“师败将奔，去之可也”。若以此观念衡之，则“于时东京人士，狼狈鹿骇，猛虎磨牙而争其肉，居位者皆欲保命而全妻子。或先策高足，争脱羿彀；或不耻苟活，甘饮盗泉”，似乎都变得可以理解甚至值得同情了，卢奕在城破之后，“人吏奔散，奕在台独居，为贼所执，与李憕同见害”，这一自投死地的殉难，反倒成了多此一举的滑稽，“委身寇雠，以死谁怼”，并不特别值得表彰。

即使极力为卢奕争取美谥的独孤及也不得不承认“危而去之，是智免也”，尽管逃亡这一行为在他看来不能算真正履行了“忠”的义务，但在当时舆论环境下，似乎也无法予以谴责。这种对“智免”推重，还可以从另一个例子中得到印证，当时舆论对张巡困守睢阳末期粮尽有食人之举多有非议，“议者或罪张巡以守睢阳不去，与其食人，曷若全人”，想要“全人”恐怕只能选择出降，这种怪责张巡坚守不去而未能“全人”的批评，无疑是“智免”的另一种翻版。这也透露出在当时的观念中，臣子除了恪尽各自的职任之外，并无以身殉国的道德义务，这与明清易代之际，频繁出现的官员城破自尽甚至举家殉难的场景，实有相当的不同。这种“忠”的义务的有限性，大约可以在魏晋以来士族社会的延长线上来加以观察，即在“君父”、“家国”发生冲突时，士人往往并不以家国为先。

“忠”这一观念的产生虽然可以追溯至战国以前，宋代之后才从一种普遍的观念上升为士大夫行为的绝对道德律令。但具体行动中依然存有犹疑与权衡，即使如文天祥这样的忠臣楷模，亦不例外（参读温海清《文天祥之死与元对故宋问题处置之相关史事释证》，《文史》2015 年第 1 期）。而清军入关之后，本人坚守气节，遗民不仕，子孙应举的案例更比比皆是，可知士人家族与国家之间的冲突与调和在整个历史时期都存在。直至近世以降，伴随着民族主义的兴起，并与中国传统的“忠臣不仕二主”的思想相结合，“汉奸”成为对一个人最严重的道德指控，而近十余年来，对包括汪兆铭在内“做贼的佳人”，又有学者重新戴上“同情之了解”的眼镜，不无回护之意，这一思想演变的线索及其背后反映的社会文化变迁值得再三措意。

聂隐娘时代的魏博

唐代宗宝应二年（763）闰二月，朝廷接受仆固怀恩的建议，分别任命史朝义的降将李宝臣为成德节度使、薛嵩为昭义节度使、李怀仙为幽州节度使、田承嗣为魏博防御使，以招抚的方式结束了长达八年的安史之乱，从表面上恢复了帝国的平静。在唐廷安置安史降将的四镇中，除昭义在辖境几经分合后，转归唐廷控制，反倒成为朝廷遏制河朔的前哨阵地外，余下的便是历史上著名的河朔三镇。骄横跋扈的河朔三镇拥有不入版籍、不输贡赋、自行委任官吏、节度使之位由父子兄弟自相承袭种种后来得到唐廷默许的特权，当时人习惯称之为“河朔故事”，“虽名为藩臣，羁縻而已”，并以此为标志揭开了藩镇割据的时代序幕。从传统的观念来看，这当然是唐代中央权威日渐瓦解的衰世，但正是这样一个朝廷与藩镇、藩镇与藩镇之间不断发生着明争暗斗、合纵连横的变动时代，为聂隐娘这样传奇的出现提供了想象的空间。

聂隐娘的故事是以魏博为舞台展开的，而在河朔三镇中，位于最南面的魏博虽然在后世被公认为是其中实力最强者，但起初唐廷不过仅于魏博德沧瀛置防御使，可以想见当时田承嗣在四镇中可能算不上强大，而且与幽州、成德这些在叛乱之前便被安禄山直接控制或与之毗邻的地域相比，南面的魏博不仅位于河北的腹心，更是文化繁盛之地，山东旧族不少便出身于此，周边的不少郡县还曾响应过颜杲卿反抗安史的起义，恐怕算不上是浸染胡风的地方。而作为外来的异乡人，田承嗣能不能在魏博站稳脚跟，割据一方，最初恐怕还是要打上一个不小的问号，但也正是这位来自北方平州、世代为卢龙军裨校的强悍人物，用自己铁血而高明的政治手腕奠定了魏博在中晚唐历史中举足轻重的地位。

田承嗣经营魏博之始便意识到了这种危机，《旧唐书》本传云其："虽外受朝旨，而阴图自固，重加税率，修缮兵甲，计户口之众寡，而老弱事耕稼，丁壮从征役，故数年之间，其众十万"，迅速扩充军力。另外可以注意的是，魏博的军事基础并不完全仰赖来自北方的胡骑，而是拣选魏博当地的丁壮充任，强烈的乡土意识成为日后魏博军队的重要特质。作为传统的富庶地区，魏博的财富与人力也足以支持田承嗣"重加税率"的扩张政策，这是其比其他藩镇优越的地方。另一方面，田承嗣的运气也不错，仆固怀恩的叛乱使得唐廷一时无暇东顾，客观上给了他喘息的机会。作为叛顺不定的强臣，田承嗣在传统史家眼中的形象自然算不上光彩，因而也不会正面评价他的政治才能，而他的故吏裴抗撰写的《魏博节度使田公神道碑》则对他治理魏博的业绩大肆宣扬："初，公之临长魏郊也，属大军之后，民人离落，闾阎之内，十室九空。公体达化源，精洁理道，弘简易，刬烦苛。一年流庸归，二年田莱辟，不十年间，既庶且富，教义兴行"，这种给逝者贴金的文字固然同样不能太过当真，但经长期战乱之后，田承嗣大约在稳定魏博局势，恢复社会经济方面还是颇有一番作为，否则很难解释一介外来武夫仅凭横征暴敛的高压统治，便能在短时间内将一个传统汉文化的核心区改造为抗拒朝廷权威的壁垒。

羽翼渐丰之后，田承嗣的桀骜不驯便显现出来，与其他的藩镇相比，他并不仅仅满足于保境自守，而是抓住一切机会拓展自己的地盘，挑战朝廷权威。大历年间田承嗣挑起的“一文一武”两件事情很能显示出他的性格，一是在大历八年（773），田承嗣公开为安禄山、史思明父子营立祠堂，并颂扬他们为“四圣”，朝廷拿他没有办法，只能又赏给了他一个同平章事的头衔，换取他拆除祠堂，勉强保全了些许颜面。面对田承嗣的挑衅，代宗皇帝“以黎元久罹寇虐，姑务优容”，只能祭出“和亲”的旧戏法作为绥靖的手段。大历九年（774）许诺将永乐公主降嫁给田承嗣的儿子田华，但田承嗣并没有罢手的意思，紧接着在大历十年（775），他煽动昭义部将裴志清作乱，驱逐节度使薛嵩，借机将相、卫、洺、贝四州收入囊中，大大扩展了实力，这次唐廷终于不能坐视不管，发兵征讨，双方大打出手了两年有余，但朝廷在战场上也没占到什么便宜，只能找了个台阶赦其罪了事，还赐给他铁券以示安抚。

好在这位难缠的枭雄不久之后便告去世，但让人感到蹊跷的是这么一位重要人物死亡的时间，史书中的记载却存在明显的分歧。两《唐书》本纪、《新唐书》本传、《通鉴》皆记其卒于大历十四年（779）二月，但《旧唐书》本传则云其卒于大历十三年（778）九月，相差有半年之久。这两种不同记载的史源都比较容易确定，《旧唐书》本传大约本自裴抗所撰《魏博节度使田公神道碑》，碑文详细记录了田承嗣从大历十三年二月构疾，到九月甲午卒，以及其后唐廷派遣谏议大夫蒋镇册赠吊唁，最终至十二月十四日下葬这一系列事件，连续而有条贯，似乎更为可靠。而两《唐书》本纪大历十四年二月一说应当出自实录，要说实录系错了这样一位重要人物去世的时间似乎也显得有些说不过去。相对合理的解释是在田承嗣身后的安排上朝廷与魏博之间曾发生过某些不为人知的争斗，以至于朝廷方面直至次年二月才正式公布田承嗣的死讯，连带着任命其侄田悦为节度留后，从此默认了魏博节度使自相承袭的特权。

目前我们能看到的一些草灰蛇线都与田承嗣继任者的选择有关，尽管田承嗣去世时享寿七十五岁，且有子十一人，但本传云其除了田维、田朝、田华三位之外，余子皆幼，所以不得不安排其侄田悦袭位，似乎暗示田承嗣与唐高祖李渊一样，坐上魏博节度使的高位之后，便过上了安逸享乐的生活，直接的成果便是这八位年轻的子嗣，但为何田维、田朝、田华三位成年者皆未能承位？其中田维曾位至魏州刺史，从地位来看颇有接班的迹象，可惜在与成德节度使李宝臣之弟李宝正打马球时，李宝正的马受惊冲撞，误杀了田维，这件事导致成德与魏博交恶，这也是大历十年战争之初，成德站在朝廷一边，协助讨伐魏博的原因。田朝后来曾任淄青治下的齐州刺史，似乎并未仕于魏博，而田华则是代宗选定的驸马，想来代宗之所以选其为驸马，大约也是看到田维死后，田承嗣继位的人选发生变数，有意在田氏诸子中扶植亲唐的力量。那么大历十年双方的战争爆发之后，田华的失宠就变得理所当然了。

田承嗣晚年魏博的权力结构可以从两份文献中窥见一斑，一份是《册府元龟》卷一七六所载大历十二年三月，代宗赦免田承嗣罪状的诏书中所开列的名单，按顺序分别是田庭琳、田悦、田绾、田绪、田纶，另一份则是大历十三年《魏州开元寺新建三门楼碑》中所载的名单，这一名单详细罗列各人官位并排列高下，是反映当时魏博权力结构的重要文献，故引述如下：“公令弟御史大夫兼贝州刺史北平郡王庭琳，雅量冲远，天姿颖出。内安黎庶，绍龚黄之名；外镇封疆，弘鲁卫之政。公爱子左散骑常侍兼御史中丞悦，驾部郎中兼御史中丞绾，从子太子宾客兼御史中丞昂等，皆才杰而妙，器周而敏，卓然自立。克茂家声。”观察这两份名单，有几个现象值得注意，一是田朝、田华都未出现在其中，可知这两位此时都已被排除出魏博权力的核心，二是田承嗣之弟田庭琳地位崇重，封爵北平郡王，特别是在《魏州开元寺新建三门楼碑》中被单独表出颂扬，地位在田氏子侄之上，俨然也是承位的候选人之一。三是田悦虽说是田承嗣之侄,但实际上已经过继给田承嗣，故得以位列田绾之前，在宗法身份上已与田昂之辈不同，这也是他得以最终承袭节度使之位的重要原因。

不管背后究竟有何争夺，最终田承嗣将卒，“命悦知军事，而诸子佐之”，田悦最后成为了这场暗战的胜利者。田悦行事颇类田承嗣，亦是枭雄式的人物，本传称其：“骁勇有膂力，性残忍好乱，而能外饰行义，倾财散施，人多附之，故得兵柄。”不久之后代宗去世，德宗新立，德宗少年时代曾饱尝安史之乱中流离之痛，其生母沈氏便因此下落不明，当年一部风靡一时的电视剧《珍珠传奇》便以此事为背景。故当他继位之初，正是要锐意进取、重致太平的时候，双方间的冲突几无可避免。恰好在德宗即位的次年，成德李宝臣、淄青李正己先后去世，德宗拒绝了李惟岳、李纳两人袭位请求，试图更易河朔故事，此事虽与魏博无涉，但田悦主动与两人结盟，共同起兵反叛。这场大战历时四年，幽州、成德、魏博、淄青四镇节度使曾一度各自称王，结盟对抗唐廷，唐廷迭经苦战，也未能底定乱局，反而导致后院失火，引起泾师哗变，德宗仓皇出奔奉天。这是安史乱后藩镇与朝廷对抗最激烈的一役，受此挫折，不但德宗一改初衷，晚年姑息藩镇，即使在宪宗元和中兴全盛的时代，亦不敢完全废止河朔故事。可以说，这场战争的失利，迫使唐廷认清其力量的边界所在，即已无力仅凭借武力重建统一的局面。

但田悦也为自己的骄横付出了代价，长期战争带来伤亡与负担使得魏博军民不胜其苦，而此时田承嗣立嗣时埋下的隐患便显露了出来，田承嗣之子田绪利用上下离心的机会，发动政变，诛杀田悦，自立为留后。田绪的政变虽然在表面上没有改变魏博的政治格局，却是田氏魏博由盛转衰的起点，田绪在政变中屠戮甚多，除了田悦一家外，并连及其亲兄田纶及二弟等田氏骨肉，史称"自河北诸盗残害骨肉，无酷于绪者"，因而在政变之初，"惧众不附，奔出北门"，从前引大历十二年赦免田承嗣等人诏书及《魏州开元寺新建三门楼碑》中我们不难发现，田承嗣时代统治魏博的核心是由田氏子弟构成的，这一基于亲族关系凝聚而成的武装集团，成为魏博与唐廷抗衡的基础，但这一统治核心因田绪政变的屠戮而被瓦解，其中另一重要人物田昂则在之前的战争中投降唐廷。另一方面，田绪虽然为人残忍好杀，但胸无大志，并无进取之心，史家中比较田悦与田绪两人，认为田悦"性俭啬，衣服饮食，皆有节度"，而云田绪得志后，"颇纵豪侈，酒色无度"，田悦俭啬的原因在于他有争衡天下的雄心，而田绪不过是一个贪图逸乐的公子哥罢了。因此，到了田绪时代，魏博一改田承嗣以来的扩张之势，转而保境自守，反倒成为唐廷与魏博关系中比较平稳的一段时期。

另一方面，转而对藩镇采取绥靖政策的德宗重新拾起父亲代宗的故智，以和亲的手段笼络河朔藩镇，在贞元初先后安排了三桩婚事，分别将嘉诚公主嫁给魏博田绪、义阳公主嫁给成德王士平、义章公主嫁给义武张茂宗，其中最早出降便是贞元元年（785）的嘉诚公主。德宗对这场婚事似乎抱有不小的期待，郑重其事，“幸望春亭临饯。厌翟敝不可乘，以金根代之。公主出降，乘金根车，自主始”。嘉诚公主也不负所望，她本人虽然没有子嗣，但收养田绪少子田季安为嫡，“季安母微贱，嘉诚公主蓄为己子，故宠异诸兄”，经过十余年的经营，当生活奢靡的田绪在贞元十二年（796）以三十三岁的壮年暴卒时，年仅十五岁的田季安成为了魏博的主人，而站在他背后遥控局势的便是嘉诚公主，朝廷为了帮助田季安顺利袭位，甚至不惜下诏为老对手田承嗣营建祠堂。由于田季安子以母贵，故继位之后“惧嘉诚之严，虽无他才能，亦粗修礼法”，恪守朝廷法度，丘绛撰文的《田绪神道碑》也将“奉贵主慈严之训，光阐前烈”作为其以少子身份继位的重要合法性依据加以表出，唐廷与魏博之间进入了一段蜜月期，德宗曲线救国的道路看到了些许成功的曙光。

另可一提的是电影《刺客聂隐娘》的脚本中，虚构了一位嘉信公主，但与风光的嘉诚公主几乎同时，确实在魏博的暗角中还生活着另一位公主，她的丈夫就是前文所提到的那位失意者田华，贞元四年（788），因为永乐公主去世，德宗复将新都公主嫁给田华作为续弦，这倒也不是新都公主的第一次婚姻，她之前曾嫁给过王赞，但此后的命运如何则完全未见诸史籍的记载。

遗憾的是这段蜜月期并未持续太久，元和初嘉诚公主去世之后，失去管束的田季安，“遂颇自恣，击鞠、从禽色之娱”，也没有了起初对朝廷的恭顺，双方的关系在元和四年（809）宣告破裂。宪宗继位之初先后平定了西川刘闢、镇海李锜之乱，成功抑制了德宗晚年以来藩镇节帅私相授受的风气在内地蔓延。受此鼓舞，当元和四年成德节度使王士真去世时，宪宗试图阻止其子王承宗承袭节度使之位，再次试探取消河朔故事的可能，形势一度对唐廷很有利，当时田季安与幽州的刘济都在病中，宪宗料其无暇外顾，急于袭位的王承宗为获致节钺，亦有意将德、棣二州献给朝廷以输诚款，但正是由于田季安从中作梗，离间唐廷与成德，导致局面破裂。田季安虽然没有像祖父田承嗣、伯父田悦那样公开地站在叛乱一方，但他在讨伐王承宗的战争中迁延不进，与之暗通款曲，使得唐廷最终劳师无功，不得不认可王承宗袭位的既成事实。不过，田季安这位年轻的魏博主人也寿数不永，在不久之后的元和七年（812）便告不起，不过三十二岁。

在去世之前，田季安就受到病风的困扰，因而变得性格狂暴，杀戮无度，招致群下沸腾，其妻元氏借此揽权，以其子田怀谏为副大使、知军务，移田季安于别室。月余，田季安病卒，元氏欲拥戴田怀谏正式袭位，当时田怀谏年仅十一岁。此时的元氏与当年的嘉诚公主扮演着相同的角色，只是两人的背景截然相反。元氏系元谊之女，元谊本是昭义节度行军司马、洺州刺史，贞元十年（794），昭义节度使李抱真去世后，镇内围绕着是否要拥立其子李缄袭位而发生分裂，元谊因自请以磁、邢、洺三州另置一镇，与继任节度使王虔休互相攻战不已。在唐代的藩镇中，昭义的建置最为特别，由太行山西麓的泽、潞及东边的磁、邢、洺这五州组成，中间横亘着海拔 2000 米的太行山脉，两地之间仅仅靠蜿蜒于崇山峻岭中的滏口陉相连，完全不符合山川形便的政区划分原则，唐廷目的便在于利用深入河北腹地的磁、邢、洺三州作为遏制河朔三镇的前哨，当然这也一直是河北强藩的心头大患。因此，元谊的叛乱得到田绪的暗中支持，最终元谊帅洺州兵五千、民五万家投向魏博，而受奉天之难的打击而消沉的德宗，则用“处之东夏，镇在西郊，皆我王事，诚为一体”为由，自欺欺人地开脱了元谊及田绪的罪责，元氏与田季安的婚姻相信是在此不久之后由田绪安排的。

但当时元氏已无力掌控魏博的局势，对于田绪、田季安统治长期积聚的不满因元氏信用蒋士则这样的家僮而爆发出来，将士们转而拥立“以武艺信厚为众所服”的田兴为留后，田兴掌权之后立刻将田怀谏一家送到长安做“寓公”，接着宣布废弃河朔故事，拥戴唐廷。朝廷赐其名为弘正，从此揭开了魏博历史上崭新的一页。魏博的归附打破河北藩镇之前合纵的局面，改变唐廷与藩镇间的均势，而在此后的七年间，唐廷与魏博以连横之势，密切配合，先后平定淮西、淄青等跋扈骄藩，幽州刘总、成德王承元被迫束身归阙，隐约再现了盛唐的图景，最终底定“自古中兴之君莫有及者”的洪业。

聂隐娘的故事发生在田绪、田季安时代的魏博，这一时期如上所述，魏博与唐廷之间有暗斗但无明争，甚至还有过一段颇为紧密的蜜月期。电影脚本以嘉诚公主与元氏之间对于魏博的争夺为背景，因此刺客聂隐娘也被赋予了些许家国大义的情怀，甚至训练她的神尼也被虚构为唐廷的公主，但传奇中聂隐娘的形象则更为暧昧，她对于忠于朝廷的陈许节度使刘昌裔的保护，更多地似乎是因“知魏帅之不及刘”之后的悔悟，虽然训练她的神尼身份不明，但当时河朔的藩镇素有训练刺客的传统。有两件事情可以与聂隐娘的故事相比对，在上文提及过的大历十年田承嗣攻打昭义的战争中就曾出现过刺客的身影，当时薛嵩的族子卫州刺史薛雄拒绝田承嗣的利诱，于是田承嗣便派遣刺客将其暗杀，并借机夺取了卫州。值得一提的是这位薛嵩便是后世演义中著名的“三箭定天山”薛仁贵之孙，其父薛楚玉官至范阳、平卢节度使，神道碑据说多年前就已出土，但一直未见刊布。或许因为这层渊源，薛嵩虽是唐名臣之后，却与田承嗣一样成为安史阵营中的要角，以此推想薛雄与田承嗣之前便是旧识吧。另一件事情则更为轰动，元和十年（815）支持对藩镇用兵的宰相武元衡、御史中丞裴度先后在路上遇刺，凶手遍索不得，长安城中人人自危，“自京师至诸门加卫兵；宰相导从加金吾骑士，出入则彀弦露刃，每过里门，诃索甚諠；公卿持事柄者，以家僮兵仗自随”，这与聂隐娘传奇中所描绘的“遂白日刺其人于都市，人莫能见”的场景颇为神似。稍后神策将领王士则、王士平指责刺客系由成德王承宗派遣，但这一指控未必十分可靠。王士则、王士平两人本是王承宗的叔父，其中王士平还曾迎娶了义阳公主，但与嘉诚公主在魏博取得的成功相比，义阳公主的婚姻并未收到什么效果，甚至夫妻之间的关系也称不上融洽，在成德呆不下而跑到长安的王士则、王士平对自己侄子的指控无疑夹杂着个人的恩怨。元和十四年（819）平定淄青李师道后，唐廷又发现淄青亦曾参与暗杀的阴谋，“但事暧昧，互有所说，卒未得其实”，这其中的真相恐怕要永远湮没在历史之中了。

未完成的转型：从金石学到石刻研究刍议

一般而言，学界习惯将殷墟甲骨、居延汉简、敦煌文书、内阁档案并称为20世纪古代文献的四大发现。这些新发现的文献不但大大推动了中国文史研究的深入与拓展，同时也催生出了研究方法的改变和新学科的成立，成为新史料引发新问题，进而推动学术进步的典型案例。但笔者常常联想到的另外一个问题是，为何与此四大发现几乎同时，在数量上亦不逊色的新出北朝隋唐墓志未能被学者视为第五大发现，引起同样的轰动与瞩目。其实从最初文献的收集与整理工作而言，翻检罗继祖编《永丰乡人行年录》便不难留意，罗振玉对于新出北朝隋唐碑志的董理与其他四大发现几乎是交错进行的，从其本人的立场而言似亦未视之有高下之别。以笔者私见推测，其中的关节在于，新出碑志虽亦是宝贵的新史料，但仍被笼罩在传统金石学这门旧学问的樊篱之中，故新史料数量虽众，却构不成对原有学术体系的冲击。不像四大发现，不但提供了国人之前所未尝措意的史料门类，更重要的是得到国际汉学界的普遍关注，迅速成为“显学”，这极大地刺激了生长于衰世，本就意欲仿照西方建立现代学术体系，将“科学的东方学之正统”移至中国那代学人的争竞之心。

事实上，若仔细检讨，王国维提倡的“二重证据法”虽被奉为新史学的开山，但仅以“地下之新材料”与“纸上之材料”互证一端而言，并不难在传统的金石学中找到类似的潜流。王氏的杰出恐怕不在于方法上的高妙，而在于创获的重大，即通过科学缜密的考辨，验证了《史记·殷本纪》的可靠性，在当时特定的环境中，对于重新认识中国古史，进而提振民族信心所起到的作用自无可估量。反观民国时代最引起关注的两方石刻，大约可以算是晋辟雍碑与王之涣墓志的发现，前者是经学研究传统的附丽，后者则是对于诗人生平的填补，其问题意识的新旧与解决问题的小大，不言而喻。

因而，近一百年来新出碑志的发现虽然在数量上极为惊人，但总体而言，更多地是量的累积，而无质的突破，往往被视为传世文献的附庸与补充，并不能在本质上改写时代的图景。另一方面，石刻研究也谈不上是一门国际化的学问，大多数汉学家囿于种种原因，对此类材料关注无多，故亦不会生发出“敦煌在中国，敦煌学在国外”的刺激。但由于中古史研究的根本挑战之一便是传世文献数量的不足，所以对于新史料的敏感早已内化为这门学科的自觉，特别是最近二十年来，随着基本建设的推展及盗墓等活动的猖獗，新出墓志的数量至少以每年数百方的数量增长。截至 1996 年以前，周绍良主编《唐代墓志汇编》、《唐代墓志汇编续集》两书共收入墓志约 5164 方，但据笔者统计目前已刊布的唐代墓志达万方以上，即意味着约在最近十余年来，新见唐代墓志数量约有 5000 方，其发现的规模已远远超过了 20 世纪初，并需要指出的是新出墓志中的多数系盗掘，出土后往往去向不明。

喷涌而出的新史料自然不会缺乏学者的关注，因而石刻研究虽未必能称得上是显学，但至少也可以跻身“不咸不淡”学问的行列，能不能运用新出石刻资料渐渐成为研究是否预流的标志之一。但自20世纪初困扰着这门学问的根本问题依然存在，即如何超越传统的金石学，使石刻研究不再仅仅停留在补史、证史的层面，真正使得新史料能引出新问题，而非仅仅是借助新史料生产“新论文”这种粗放式的学科增长。若以此要求揆之，则不得不承认，中古石刻研究尚处于起步阶段。其面临的挑战至少有三，过度“趋新”带来研究水平的停滞不前，由于学界对于新史料的普遍看重，对于刊布新出石刻类论文的同行评审相对不那么严格，使得不少相关论文仅仅停留在刊布公私收藏的一两方新出墓志，并结合传世文献作简单比勘的水准。所以新出论文数量虽多，但真正深入而有发明者少，往往沦为抢发新材料的赛跑。另一方面，亦由于这种“趋新”的风气，使得很多新出石刻的学术价值尚未被充分挖掘的情况下，便已成为了少人关注的旧史料，学者的目光又转移到最新刊布的部分。不但传世文集中存录的碑志乏人问津，其实这部分保存了唐代最重要的一批名臣将相的碑铭，二十世纪初发现的《鸳鸯七志斋藏石》、《千唐志斋藏志》等亦成为明日黄花。

其二是尚有待优秀研究论著的累积确立学科的范式，目前而言最受到学者关注的石刻有两批，一是突厥、粟特、高丽新罗等外族人物墓志，由于涉及中外交通史上的一系列问题，多年来一直是国际汉学领域中的热门话题，日本、欧美学者亦多有关注，因此这批外族人物墓志反倒成为目前中古墓志中研究最为透彻、水准最高的一部分，但其中的问题意识主要是受成熟而国际化的中外关系史研究所主导。其二则是正史有传人物的碑志，毫无疑问这是唐人墓志中最紧要的部分，但目前的着眼点仍多在比勘与传世文献异同的层次上。需要注意的是，墓志作为一种格式化的文体，其在史料价值上会有一悖论，即越是著名的人物，往往因传统文献的记载已相当丰富，新出墓志价值反而有限。典型的例子是新出的武承嗣墓志，尽管篇幅和规格是唐前期墓志之最，但几乎没有溢出史传之外的新史料。如何系统地利用这一数量庞大的史料展开总合性的研究，需要结合具体的研究实践做进一步的思考。

其三是工具索引的编纂，由于新出石刻层出不穷，加上发表渠道多样且不尽规范，因而即使专门的研究者亦很难通盘掌握。目前而言，尽管有气贺泽保规《唐代墓志所在总合目录》、梶山智史《北朝隋代墓志总合目录》行于世，但仍有不尽完备之处，更遑论碑志所涉及的大量人名、地名更无索引可供通检。工具书的编纂虽然是用力多程功少的劳作，而且在当下的学术考评机制下也往往受到不应有的忽视，却是奠定一个学科的基石所在。假设基本资料长期无法方便通检，学者连有多少家底都不知道，研究中难免会陷入盲人摸象，看到什么做什么挖宝式的状态之中，依笔者私见，若能纂成《唐代碑志人名索引》、《全唐文人名索引》这样的工具书将会极大地推动唐代文史研究的进步。

如果说传统金石学研究的基本立场是考据式的，强调的是决疑问、定是非，即利用新出文献，考订人名、地名、种族、爵里、官制等，而现代史学更强调在考证基础上更进一步，力图还原或趋近历史的现场，进而对历史演进提供更精确的诠释。因而当下中古石刻研究在承续传统金石学优点的同时，亦需有“较乾嘉诸老更上一层”的勇气与视野，依笔者之见，可不仅将碑志作为一种文献，同时也可尝试将其作为通往古人世界的一条秘径。

“当地人对建筑多半不大感兴趣，当我说我对文物感兴趣时，他们就会带我去看古代的石碑”，多年前当笔者第一次读到费慰梅为梁思成、林徽因夫妇撰写的传记《中国建筑之魂》中的这段文字时，便曾有莫名的触动。如果将1930年代梁思成夫妇在华北大地进行古建筑调查时所接触到的中国乡村视为一个仍然停留在“古代”的社会的话，那么这段梁思成本人的自述便透露出一条颇具深意的讯息，即在普通的庶民心中，何者才是日常生活最重要而神圣的景观，值得向外人展示。毫无疑问，将长城、故宫视为中华文明的象征无疑是近代以来民族国家建构过程中的一项发明，尽管历代都城中都不乏宏大的礼制建筑，但考虑到古代交通与信息传播的现实条件，散布在帝国境内的庶民恐怕终其一生都没有机会亲眼目睹甚至知晓这些巨型景观的存在，那么其通过什么样的途径感受到国家权威的存在，树立于全国各地的承载有旌表、告谕、规约等各种不同功能的石刻似乎成为了连接官方与民间，传递政治权威，展开道德教化的一个重要的渠道。

于是衍生出的第二个问题是，碑是仅仅用来读的吗？中国有着漫长的金石学传统，自宋代欧阳修、赵明诚以来，便注重收集金石拓本，其研究的基点在于相信“史牒出于后人之手，不能无失，而刻词当时所立，可信不疑”，强调利用出土石刻纠订、补充传世文献记载的讹误与不足。这一传统经过清儒的发扬，成为乾嘉考据学中的重要分支，无疑是现代学人需要宝重与承续的珍贵学术遗产。但这样强大的一个学术传统在不断地提示我们注意新出石刻资料重要性的同时，是否又同时遮蔽了一些什么呢？传统的金石学从某种意义上而言，可以被视为一门“扶手椅”上的学问，反映的是文人士大夫的旨趣，因而其所关注重点的是石刻上的记载是否能与传统文献相比勘，热衷于讨论碑志书法、文字等方面的优劣，研究的介质其实主要是拓本而非石刻本身。这种研究经典的呈现方式是邀集二三同好赏玩珍罕的拓本，并依次题跋，或记录其事，或发覆史实，是为传统文人雅集的一种，可以说传统士大夫对于文学、史事及书法的重视刺激了金石学的产生与发达。循此脉络，呈现于拓本上的文字无疑最受学者重视，因而甚少有人关注碑志这一物质形态本身在古人的生活世界中究竟居于何种地位。甚至可以说传统的金石学研究忽视了石刻所处的空间及周边环境的信息，将存在三维历史空间中的石刻，转化为二维平面上的文献。

但若我们稍稍偏离这一传统的束缚，便不难留意到这样一个事实，无论我们如何来估计传统中国社会的识字率，能够阅读特别是阅读刻于碑石之上典雅文词的人在任何朝代恐怕都只占了人口中极少的部分，我想当年引导梁思成去看碑的当地人多半也未必能读懂刻石上的文字。而根据笔者自己访碑的经验，若是三、五米高的大碑，即使是受过一定训练的学者，站在碑下仰着脖子，努力辨识文字，往往也会因阳光等因素的干扰，无法真正看清。因而，回到历史的现场，对于一般的庶民而言，他们更多地是石刻的“观众”，而非“读者”，因此碑志所具有的政治景观效应值得研究者进一步的关注。

尽管传统中国没有出现金字塔、帕特农神庙、凯旋门这样规模宏大的纪念碑式建筑，但在中国的土地上并不缺少纪念碑。自秦汉以降直至近世，各种以石质为媒介、以述德、铭功、纪事、纂言等为目的的公共纪念碑，以及神道墓碑、造像经幢、摩崖题名等较具私人性的纪念物，数目巨大，早已被天然地视为中国文化的重要景观，其中历经千年而留存于世者，亦不稀见。这些纪念碑的撰述、兴造、存废无疑构成了古人特别是士人精英生活世界中的重要组成部分。因而，若我们索隐碑铭兴造、磨灭、重刻背后的政治角逐，探究石刻安置场域中展现出的权力关系，发掘碑文撰者与读者之间的互动与张力，以此作为介入往昔的新入口，或许能发现不一样的历史。

正由于碑志所具有的景观效应，公共性的纪念碑安放的位置在最初往往便有精心的考量，立于通衢之中，方便往来民众观览，起到最广泛的信息传播效应。甚至重要石碑落成的时候还要举行盛大的迎碑仪式，著名的玄奘法师曾请唐高宗亲自撰书慈恩寺碑，碑成之日，“乃率慈恩徒众及京城僧尼，各营幢盖、宝帐、幡花，共至芳林门迎”，并从芳林门运至慈恩寺，沿途三十里，“京都士女观者百余万人”，其场面之热烈不亚于一场盛大的游行。

尽管中国人素来相信“勒石刻铭、以志不朽”，似乎默认碑志是一种亘古不变的恒定景观，但事实上碑志往往随着政治形势的移易而发生更替，韩愈著名的平淮西碑，特别选择磨去吴少诚德政碑上的文字，利用其原来的旧石来摹勒新碑，正是要借助对于碑铭这一永久性景观的重新定义，向已有三十年未沾王化的淮西军民宣示这场战争的正义性，进而重建唐廷在淮西的政治权威。

另一个大家熟悉的例子是魏征神道碑的几次兴废，最初唐太宗不但亲自为其撰书神道碑，且碑成之后，“停于将作北门，公卿士庶竞以模写，车马填噎，日有数千”，即通过拓本的形式，使不能移动的石碑化身万千，将魏征良臣的形象广为传布，亦成功塑造了贞观之治、君臣相得的政治形象。但不久之后，太宗便对魏征心生嫌隙，遂有著名的停婚仆碑之举，魏家恩宠转衰。直至太宗远征辽东无功而返，念及魏征旧日谏诤之劳，复以少牢祠其墓，重新立碑。魏征神道碑的立与仆，与吴少诚德政碑的磨灭与重刻一样，都无声地向观看者传递着政治变化的讯号。

在古人的生活世界中，石碑作为一种重要而常见的景观，象征着秩序与权力，是一般民众观察政治变化的重要窗口，这构成了古人知识系统的一部分。于是，景观更易成为了政治秩序变动的象征，古人重视碑铭，无疑看重其不朽的纪念性。而一旦权力更迭，这些不朽的象征，往往首先会被重塑或废弃。我们有必要认识到，中国传统的学问素来重视文字的记载，因而无论是传世文献还是新出的甲骨、青铜器、简帛、碑志、文书，不过视之为文字的不同载体，因而不免对于承载文字之物的制作、生产过程及其在古人世界中的意义有所忽略，而关注这些或许能给我们提供一些新的更有意思的话题。

读者还是观众：石刻景观与中国中古政治

李清照《金石录后序》中有一段文字回忆北宋承平时，她与赵明诚一起搜罗赏玩拓本的旧事："余建中辛巳始归赵氏……赵、李族寒，素贫俭。每朔望谒告出，质衣取半千钱，步入相国寺，市碑文、果实归，相对展玩咀嚼，自谓葛天氏之民也。"《金石录》一书不但是传统金石学的开山之作，更因赵明诚、李清照夫妇在宋末乱离中的不幸遭际而为一般人所熟知。至于《金石录后序》中所描绘的于相国寺购置拓本，归而展读，进而撰著题跋，慢慢集腋成裘，这种研治石刻文献的方法，亦成为传统金石学研究的标准形态。时至今日，我们披览新出石刻的方式，较之于赵、李当日，仍相去不远，只是拜现代印刷技术所赐及受制于文物保护的观念，所能观览者渐次从石刻原拓变为影印的大型图录。因此，对于一千年来的大多数研究者而言，石刻是一种用来"阅读"的文献，特别是清代以来，以《金石萃编》为代表的大型录文总集的编纂与订补，以及近代以降《汉魏南北朝墓志集释》、《千唐志斋藏志》等大型图录的刊行，给研究提供了巨大的便利，使得现代学者可以轻易跨过空间的阻隔，罗致甚至穷尽相关石刻以供研讨，但同时也在不经意间剥夺了研究者的“现场感”。

这种将碑志剥离原来的场域，以拓本作为流通的主要方式，进而化约为一种文本的金石学研究大约与重视文字记载的学问传统有密切的关系，在这一传统中无论是甲骨、青铜器，还是简帛、碑志、文书，学者多不过视之为文字的不同载体，其中的高下，在于能否订补传世文献之不足。同时，作为石刻的“读者”，其天然的预设假定阅读者已具有相当的知识层次，而这样一群人无论是在古代还是在现代无疑都居于人口中的少数，多属于士大夫或所谓学者之流。尽管清代金石学家中已有不少人开始注重实地访碑，但所关注者依旧集中于文字。总体而言，传统金石学是一门反映士大夫趣味“扶手椅”上的学问，特别是学者对于名家撰书碑志拓本的汲汲以求以及邀二三同好观临题跋的论学方式，无疑都是文士书画赏鉴雅集之风的流亚。

当现代史学要求学者努力尝试进入古人生活的情境时，我们难免要追问的一个问题是，这些经历了数百年甚至上千年，至今仍在中国大地大量留存的碑石，对于一般的庶民而言到底意味着什么。“当地人对建筑多半不大感兴趣，当我说我对文物感兴趣时，他们就会带我去看古代的石碑”，梁思成曾对费慰梅如此描述其在华北调查古建的经历。如果我们将1930年代山西、河北内陆的乡村仍视为一个停留在“古代”的社会，那么这段梁思成的自述便透露出一个颇值得玩味的讯息，即在普通的庶民心中，何者才是日常生活中最重要的纪念物，值得向外来的访客展示。联想到注重实地调查的华南学派在田野工作中“进村找庙、进庙找碑”的诀窍，碑在地方场域中的中心位置便凸现了出来。

但对于一般的庶民而言，他们未必有能力成为碑的“读者”，而更多的只是“观众”，我想引梁思成去看碑的当地人多半也未

安重荣德政碑的碑首

必能读懂刻石上的文字。如果我们把视线拉回唐代，便不难发现，一些巨型石碑的规模远远超过实际的需求，如目前存世规模最大的唐碑何进滔德政碑高达 12.55 米，宽 3.04 米，厚 1.04 米，而 2000 年在河北正定发现，后经学者考订为安重荣德政碑者，仅残存的赑屃部分就长 8.4 米、宽 3.2 米、高 2.5 米，若复原全碑，规模当在何进滔德政碑之上。这些巨型的石碑显然不是让人读的，而是作为政治权威的象征物被树立起来，“看”才是它们被塑造时的第一要义。事实上，即使以昭陵功臣神道碑约 4 米的高度而言，根据我个人访碑的经验，即使努力加以辨识，也很难看清碑身上部的文字。

事实上，古人对于如何塑造碑的“视觉体验”有着高度的自觉，树碑于“大市通衢”，以便更多的往来吏民能注意到这一景观，是选择立碑地点时首要的考虑。另一方面，也会有意识地选择一些对于碑主具有特殊意义的地点，如德宗为平定朱泚之乱的首要功臣李晟立纪功碑，就没有选择在长安城内，而是“刊石立于东渭桥，与天地悠久”。东渭桥位于长安通往渭北的交通孔道上，不仅是唐人饯别亲友的胜地，也是东南租粟会聚转运之所，四方辐辏，行旅往来，络绎不绝，热闹而繁忙，更具深意的是李晟本人恰恰是自东渭桥以薄京城，经过一路激战，最终克复长安，建立不世之功。选择于此处立碑，并命皇太子亲自书丹，无疑显示出德宗特别的用心。唐玄宗时所立的杨国忠碑则另有别致的设计，杨国忠因对铨选制度有所改良，“选人等求媚于时，请立碑于尚书省门，以颂圣主得贤臣之意”，将立碑地点选择在碑主“工作过、战斗过的地方”本是习见之事，并不足为奇。特殊之处在于此碑由京兆尹鲜于仲通撰文后，玄宗曾亲自改易数字，“镌毕，以金填改字处”，这当然不是因为朝廷无力负担另刻新碑的费用，而是特意借助这种人为制造的“土豪金”效果，来彰显皇帝对杨国忠的恩宠。其实唐玄宗并不是第一次使用这样的办法，开元十三年（725）封禅泰山时，他便将《纪泰山铭》刻于山上，“磨石壁，刻金字，冀后之人听词而见心，观末而知本”。

当然在地方上，此类颂德碑立碑地点可选择的余地远不及两京丰富，大约只有大市通衢或节度使、郡守府衙之旁这两类。除此之外，这些位于城市中心的巨碑，往往建有碑楼，如上文提到的何进滔德政碑“碑楼极宏壮，故岁久而字不讹缺”，其碑楼至北宋时犹存。碑楼作为一种大型的公共建筑，在古代城市天际线普遍较低的情况下，无疑强化了石碑作为一种政治景观在城市空间中的地位，构筑起了城市的视觉中心，同时不经意间也降低了碑的“可读性”。

正是由于碑在城市中具有的视觉中心的地位，其兴废往往也会成为政治气候变易的重要风向标。其中最典型的例子是唐宪宗平定淮西之后采取的举措，将吴少诚家族统治淮西合法性的两个重要象征物皆做了改造。其中，将吴少诚生祠改建为紫极宫，李唐以老子为祖先，天宝二年 (743)“改西京玄元庙为太清宫，东京为太微宫，天下诸郡为紫极宫”，紫极宫作为唐代官方所立的道观，平定淮西之后得到重建，其象征意义不言而喻。而吴少诚德政碑则被磨灭，改刻为韩愈撰文的《平淮西碑》，唐廷之所以特别选择用吴少诚德政碑的旧石来摹勒新碑，正是要借助对于碑铭这一永久性景观的重新定义，向已有三十年未沾王化的淮西军民宣示这场平叛战争的正义性，进而重建朝廷在淮西的政治权威。

刊石勒铭、永志不朽，碑志因其具有永恒的纪念性而为人所重，但碑在古人的世界中并非只是一个静态恒定的象征物，而是可以借助拓本与传写，化身万千，变成有效的传播媒介。如唐玄宗因生于乙酉岁 (685)，故以华岳当本命，先天二年 (713) 七月诛太平公主，独揽朝政后，九月便封华岳神为金天王，故华岳信仰大兴于世。开元十二年 (724) 十一月，玄宗巡幸东都时途经华州，“命刺史徐知仁与信安王祎，勒石于华岳祠南之通衢，上亲制文及诗”。《开天传信记》云此碑：“高五十余尺，阔丈余，厚四五尺，天下碑莫比也。其阴刻扈从太子、王公以下百官名氏。制作壮丽，巧无比伦。”此碑的高度折合成公制，约在十五米以上，宋人王铚《默记》记此碑原建有碑楼，黄巢入关，有人避于碑楼之上，黄巢大怒，因纵火焚之，故宋时文字仅十存二三，但碑石犹在。或许由于此碑规制巨大，在当时甚至找不到整块的碑石，“砌数段为一碑……薄云霄也”，耗时九月方才落成。

玄宗虽已将御制碑文颁示四海，“使伊昔之后，自愧不才，率土之臣，咸知所谓”，或仍嫌华岳庙的位置相对偏远，巨碑磅礴的气势，无法为京城士庶所领略，又下令制作拓本，张架立于应天门，供文武百官观览。应天门是洛阳宫城的正南门，地位功能与长安的承天门相当，是举行国家重大典礼的礼仪空间，玄宗本人便曾在此接受过献俘。玄宗虽无法移动巨碑这一物质形态本身，但通过拓本复制的方式完成了这一移动，扩展了碑文传播的范围，当然其目的是塑造自身的政治权威。

敦煌文献中《敕河西节度兵部尚书张公(淮深)德政之碑》则提供了另一个有趣的例子。此碑中和二年(882)四月八日下手镌碑，五月十二日毕手，约一月即成，立于西牙，即归义军节度使的使衙。原石早已不存，敦煌所存钞本由P.2762等五件文书拼合而成。这一钞本的妙处在于是一注释本，在碑的正文之下有双行小字注文，阐释碑文的微言大义，如“盘桓卧龙”下注：“卧龙者，蜀将诸葛亮也，字孔明。能行兵，时人号曰卧龙是也”，这是标注古典；又“宣阳赐宅，廪实九年之储”下注：“司徒宅在左街宣阳坊，天子所赐粮料，可支持九年之实”，司徒指的是碑主张淮深，则是在阐发今典，宣扬朝廷对他的礼遇。不过根据荣新江先生的考订，唐廷并未授予张淮深河西节度使之位，此碑亦非由朝廷颁赐，而是张淮深擅自兴造，碑文不无“虚假宣传”的成分。这倒反过来说明即使地处边鄙，与唐廷仅存羁縻关系的归义军，仍需借助朝廷颁下的德政碑来为其统治提供合法性。事实上，这一详细注明古典与今典的钞本很可能是为了向归义军中文化程度不高的节将士卒宣讲碑文所用，发挥了类似政治学习材料的作用。另北图芥91《大方等大集经》卷第八写本背面有“敕河西节度兵部尚书张公德政知(之)碑”一行、S.1291写本上有“(上缺) 节度兵部尚书张公德政之碑”，字迹拙劣，均是学童习书的文字，可知张

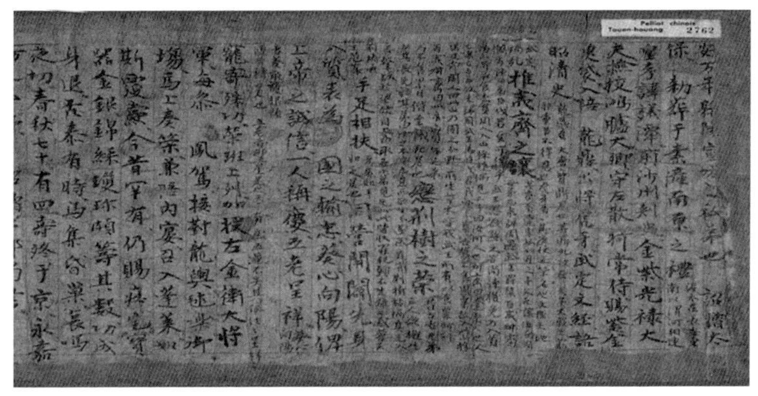

P.2762 张淮深德政碑

淮深德政碑文曾被用作敦煌学童习书的资料，将政治教化巧妙地寓于童蒙课业之中。无论是宣讲还是习字，目的皆是借助各种手段，广泛散播，将碑文作为一种政治宣教品来使用。

当然我所说的要重视碑的景观作用，并不是说要转向去研究艺术史，因为历史学训练提供的长处还是在于解读文献，而非分析图像。只是注意到碑本身所具有的政治宣传功用，有助于我们更加深刻地理解碑文的内容及文字背后蕴含的隐曲。过去对于石刻的关注仅仅将其视为保存史料的载体，事实上每一个碑建造的背后都有相关的政治或社会背景，努力将石刻从文献还原到当时的情境中去，挖掘出其中的故事才能丰富我们理解历史的维度。

在中国古代的社会环境中，作为政治权威象征物的巨型碑石无疑是政治话语展示与传布的重要媒介，尽管一般不过将此类的政治表述视为堆砌辞藻的具文，但须知在中国漫长的文字书写传统中，早已铸就了一套微言大义的语言符码。如何透过看似格套化的文字与行为，发现言词之外的真意，直到当下都是探究中国政治所必备的“知识炼金术”。因此，对于我们现在看起来的一些“具文”，古人并不是如此认为的，比如唐穆宗继位之初，将田弘正从魏博调任至成德，这涉及如何来巩固元和中兴的政治遗产，在当时是非常微妙而关键的政治举措。调任之后，唐穆宗打算在魏博给田弘正立德政碑，表彰他首先奉魏博归附朝廷的功绩，同时也给河朔的这些骄兵悍将树立一个正面的榜样。因此对于如何写这块碑，才能收到预期的效果，君臣之间颇费了一番心思，穆宗特别指定元稹撰文，元稹《进田弘正碑状文》也向皇上详细说明了对于写法的考虑：“臣若苟务文章，广征经典，非唯将吏不会，亦恐(田)弘正未详，虽临四达之衢，难记万人之口。”即由于河朔地域沾染胡风，将吏文化程度不高，如果文章堆砌典故，辞藻华丽，即使立在最显眼的位置，恐怕达不到想要的宣传效果，所以追求“文虽朴野，事颇彰明”，以便让预设的读者能够看得明白，或者至少借助类似《敕河西节度兵部尚书张公德政之碑》这样的“辅导材料”能够理解朝廷的苦心所在。

唐末魏博节度使罗弘信为其父罗让所立的神道碑中的一段文字正好提供一个理解格套化文词背后隐曲的案例，碑文云：“伏惟国朝故事，我府凡有更替，即除亲王遥统节度使，或踰数月而后，方降恩命。今我仆射以殊功难解，茂略济时，进疏才及于阙庭，幢节已交于道路。”碑文想要强调的是罗弘信深受朝廷信任，因此没有按照惯例先授予节度留后权知政务或让亲王遥领，而被直接授予了节度使的旌节。但我们比对一下《旧唐书·罗弘信传》的记载，便不难发现另有蹊跷，“僖宗闻之，文德元年四月，诏加工部尚书，权知节度留后。七月，复加金紫光禄大夫、检校尚书右仆射，充魏博节度观察处置等使”，恰恰是严格遵循了“或踰数月而后，方降恩命”的政治成例。毫无疑问，碑文的记载是捏造的，但我们要追问的是，为何要捏造这样一个不存在的事实。

这就和罗弘信初掌魏博后的政治形势有关，由于罗弘信此前只是魏博军中小校，“掌牧圉之事”，不过是类似弼马温的角色，并无太高的声望，因缘际会控制魏博之后，才急需借重朝廷的恩遇抬高自己，稳定局势。细究起来，这段文字还涉及魏博历史上的一个“今典”，“进疏才及于阙庭，幢节已交于道路”所比附的对象正是元和七年(812)举魏博六州归朝的田弘正。那次唐宪宗确实接受了李绛的建议，打破惯例，直接授予田弘正节度使之位，以表彰他的忠心。罗弘信是想假借罗让碑中虚构的文字，让魏博将吏相信，朝廷对他的支持信任与田弘正无二，给自己带上需要的政治光环。

以上所举的几篇碑文中或虚或实的政治表述，提示我们注意，对于石刻史料的解读，有时未必一定是要证明或证否传世文献的记载，而更应该关心隐藏在文本背后，充满着矛盾冲突的政治过程。一般而言，研治石刻文献的学者多重视新出的石刻，“喜新厌旧”的倾向多不能免，但事实上大量保存在《文苑英华》或各家文集中的碑文一直没有得到充分的研究与重视，这些才是唐人心中真正的“大手笔”，蕴含了丰富的材料，至少我们转换研究的视角，做更加精细的文本解读，是可以从中榨取更多的历史信息的。

言词内外：碑的社会史研究试笔

近二十年来，出土墓志成为推动中古史研究进展的重要动力，特别是随着基础建设的展开及盗墓活动的猖獗，每年通过各种渠道刊布的新出墓志数量颇为可观。仅以唐代而论，周绍良主编《唐代墓志汇编》及《唐代墓志汇编续集》两书共辑录墓志约 5164 方，资料收集的下限是 1996 年，据气贺泽保规《新版唐代墓志所在总合目录（增订版）》统计，截至 2008 年已达 8368 方（不含志盖），目前已刊布的数量虽难以确切掌握，但估计已在 11000 方以上。平冈武夫《唐代的散文作品》曾统计《全唐文》及《拾遗》、《续拾》共辑录唐人文章 22896 篇，则出土墓志已占存世唐人文章的三分之一以上。北朝墓志整理刊布的情况与唐代类似，其中可以一提的是近年来邺城一带大量出土东魏北齐墓志，流散民间者已辑成《文化安丰》、《北朝艺术研究院藏品图录·墓志》、《墨香阁藏北朝墓志》等书出版。正是有了这些新资料的推动，出土墓志研究近年来颇有成为显学的趋势。

值得注意的是，这一自 20 世纪初延续至今的墓志发现潮流，在某种程度上已悄然改变了一千年来金石学研究的传统，新出石刻中，墓志占了绝大多数，使得石刻研究有被简约为墓志研究的倾向。墓志本身是一种格式性较强的文体，内容以记载志主一生的经历及世系、婚姻情况为主。因此围绕着墓志展开的研究，尽管数目庞大，但大体可以归为三种模式：围绕人物、家族及婚姻、交游网络展开的传记式或群体传记式研究；利用墓志中涉及重要政治事件的文字，补充或纠订传统政治史因文献不足造成的疏失；利用墓志进行较大样本的统计，对年寿、婚龄等普遍性的社会状况进行描述、归纳。其中又以前两种占据了主导地位，这使得目前的墓志研究具有明显的政治史取向，即在资料上视之为补充、纠订传世文献的手段，研究内容上则以重要的政治人物、事件为中心。这一研究理路承续金石学的传统，取得的成绩有目共睹，无需笔者赘言，但总括其基本方法大体是选取石刻中姓氏、爵里、世系、民族、仕宦、婚姻等有效信息与传世文献互证，披沙沥金，或可目之为“萃取式”的研究。值得反思的是，在这一学术传统中，各种出土文献，无论是甲骨、青铜器，还是简帛、碑志、文书，学者多不过视之为文字的不同载体，其价值的高下，在于能否订补传世文献的不足。在此背景下，石刻文献难免成为传世文献的附庸，其受学者重视的程度，往往取决于能否在传世文献中找到对应的记载。

另一方面，尽管对新出墓志的收集与考释在方法上承续了传统金石学，但处理数据的广度与深度较之于既往皆有所不如。仅从广度而论，翻检自《集古录》、《金石录》以降的传统金石学著作，不难注意到传统金石学关注的范围大体以立于地面的碑碣、摩崖、造像为主，埋于地下的墓志由于多是零散发现，仅是其中一端。现在学者则多受新史料带来新问题的驱策，聚焦于新出墓志一隅，宋至清历代著录的地面石刻以及随各种文集传世的碑铭，早已是明日黄花，关注者稀，视野较之于前人，反而趋窄。某种意义上而言，当下的墓志研究，是用旧方法研治新材料，因此虽忝居“预流”的学问，但反而感受不到新史学的冲击，学者大都对于石刻这一文字载体的社会功能及在古人世界中的意义缺乏自觉。

众所周知，中国古代纪念性石刻传统的形成至少可以追溯至秦始皇巡幸各地时的刻石，直到当今社会，每逢重大的事件、工程，仍不乏刻石纪念，记述前后因果之举。如果将简帛、纸张及电子储存介质视为普遍通用的书写材料，那么在过去的两千余年中，通用书写材料已经历了两次重大革命，但纪念性石刻的传统穿越其中，至今依然保有生命力，这无疑与石刻这一介质所具有的永恒性与公共性密切相关。而且这一传统并非中国独有，在世界各个文明中普遍存在，或可说是人类共通社会观念的产物。如果说通用书写载体的变革在于追求记录及传播的便利，那么金石这类介质则恰恰相反，甚至是借助镂刻的不易而为人所宝重，成为超越于通用书写载体之上，承担特定社会功能的纪念物。《墨子》中便述及：“又恐后世子孙不能知也，故书之竹帛，传遗后世子孙。咸恐其腐蠹絶灭，后世子孙不得而记，故琢之盘盂，镂之金石以重之。”循此思路，不难注意到墓志虽占据了已知中古石刻文献的大宗，但因其镌刻后便被埋于地下，仅具有永恒性，而缺乏公共性，所承担的社会功能也较为单一。若以古人的观念揆之，并非是最重要的纪念物，而现代学者关注较少的地面石刻，特别是各类纪功碑、德政碑等公共性的碑碣才承载了古人“镂之金石，以志不朽”观念的核心。

因此，如果说当下以墓志为主体的石刻研究，采用的是“萃取式”的方法，具有政治史研究的取向，强调出土文献与传世文献的互证。我们若能更多地把注意力转向探讨碑这一公开的纪念物在古人世界中的功能与意义，开拓碑的社会史研究，至少在四个面向上，较之以往或将呈现出新的观察角度。

碑作为景观的象征意义。由于中国学术的传统素来注重文字记载，研究者往往本能地关注碑铭上的文字，但如果回到古人的情境之中，作为公共性的纪念物，碑在很多情况下是通过形制与空间的规划来呈现其景观效应，进而传递刻石背后的政治讯息，特别是对于文化层次不高的普通庶民而言，更多的是碑的“观众”而非“读者”。因此，我们可以注意到唐代一些巨碑如何进滔德政碑高达 12.55 米，宽 3.04 米，厚 1.04 米，玄宗华岳庙碑“高五十余尺，阔丈余，厚四五尺，天下碑莫比也”，皆远远超过实用的需要，有意借助碑本身的宏大规制，造成强烈的视觉冲击，进而塑造政治权威。除此之外，也可以通过对石材的选择、刻写方式的变化等手段来传递政治讯息。例如张嘉贞于恒岳庙中立颂，“其碑用白石为之，素质黑文，甚为奇丽”，玄宗表彰杨国忠改良铨选制度，为立颂德碑，“敕京兆尹鲜于仲通撰文，玄宗亲改定数字。镌毕，以金填改字处”。可以想见，以金所填各字，在阳光的照射下呈现出别致的视觉效果，而玄宗对于杨国忠的恩宠便不待文辞而为众周知。正因如此，想到这一方法者并非玄宗一人，富有艺术家气质的宋徽宗于崇宁四年（1105）十月二十三日诏，“中书省检会应颁降天下御笔手诏摹本已刊石迄，诏并用金填，不得摹打，违者以违制论”，与玄宗的做法不谋而合。当然，更常见的方法是在碑文中保留诏书的原有格式，早在东汉乙瑛碑中“制曰可”一行便高出一格刻写，宋代以降石刻公文中大量保留了原有格式，这种形式或是有意将官文书的权威借助永恒性的碑石展现给公众。

笔者之前曾讨论过古人立碑的地点往往经过精心选择，立碑于大市通衢或对碑主具有纪念意义的地点，以便更多的往来吏民能注意到这一景观，达成广泛的传播的效用是其中重要的考虑。

因此，在普通城市中，官署府衙两侧作为城市的视觉中心往往成为首选。这一考订，目前也能得到考古发现的支持，徐州苏宁广场工地出土的五代王晏德政碑，据考古现场情况可推断原立于武宁军节度使衙东南侧，该处直到明代仍是徐州府衙所在，至明天启四年（1624）为洪水所淹没，因此此碑出土于距地表深5米的地层中。判断其为道东，缘于天启大水自徐州城东南方向破奎河大堤而入，王晏德政碑倒向西侧，碑首飞走不知去向，碑身倒塌时撞上龟趺首，故碑身上部及趺首缺失，出土时残断碑身叠压在龟趺之上，这也与文献记载和各地点考古所见房屋的倒塌方向一致。如能进一步结合考古发现与文献记载，将会进一步深化对立碑地点选择与都市空间关系的认识。

碑作为信息与知识传播媒介的社会功能。作为一种永恒性的景观，碑当然不像纸张这样的通用书写材料具有携带上的便利性，但碑依然具有重要的信息与知识传播功能。碑的刻立、废弃、重镌本身就传递出不同的政治讯息，唐宪宗平定淮西，特别选择利用吴少诚德政碑的旧石改刻平淮西碑，通过对碑铭这一永久性景观的重新定义，重塑唐廷在当地的政治权威。另据宋人庞元英《文昌杂录》记载："余昔年随侍至定武，见总管厅有唐段文昌撰平淮西碑石。"则唐廷似曾于多地立平淮西碑，其所欲传递的政治讯号则不言而喻。定武军即唐代定州，义武节度使恰是河北藩镇中对唐廷较为恭顺者。类似的例子亦见于后世，清乾隆平定准噶尔、回部后，不但将告成碑立于太学，更下诏于省、府、州、县各级文庙中复制此碑，以达成向一般吏民宣扬宏业的目的（参读朱玉麒《从告于庙社到告成太学：清代西北边疆平定的礼仪重建》，《高田时雄教授退休纪念东方学研究论集》）。另一方面，碑文可以通过拓本、抄写等手段化身为通用的书写材料，扩大自己的传播范围与效力。如玄宗曾将华岳庙碑的拓本张架立于洛阳应天门，供文武百官观览。太宗亲自撰书的魏征神道碑，“刻毕，停于将作北门，公卿士庶竞以模写，车马填噎，日有数千”，于是碑从“固定的景观”变成“流动的文本”。敦煌文献中《敕河西节度兵部尚书张公（淮深）德政之碑》钞本则于正文之中多用双行小字笺释典故与史事，这一详注古典与今典的钞本或是向归义军中文化程度不高的节将士卒宣讲碑文所用，而敦煌儿童习字也有以《张淮深德政碑》、《史大奈碑》为素材者，可见这类文本传播于各个阶层。如果说碑的兴废及碑文的流布在当时是窥测政治气候移易的风向标，那么对于后世而言，长存于地面的碑碣则成为重要的知识资源。如中唐张建章为人好学，“经太宗征辽碑，半在水中。建章则以帛苞麦屑置于水中，摸而读之，不失一字，其笃学也如此”。宋以降金石学兴起后，围绕着访碑、拓碑产生的各种故事及作为礼物流动的拓本等都构成了中国古代知识社会史上的重要一页。

石刻生产过程中的社会网络。碑志制作的过程中往往透露出志主生前及家族的人际网络。北朝唐初墓志多不题撰书者姓名，至盛唐后方渐普及，这或与墓志这一文体渐为人所重有关，中唐后重金礼聘名家撰书墓志已蔚然成风。既往学者对碑志作者与志主间的关系不乏关注，但这仅是石刻生产中社会网络中的一端，如墓志制作至少包含撰写、书丹、镌刻三道程序，撰者、书家、刻工三者间的分工与网络，便注意不多。如柳公权书写的《玄秘塔碑》、《回元观钟楼铭》、《符璘碑》、《金刚经》皆由刻工邵建和、邵建初兄弟镌刻，两者间有密切的合作关系。俄藏敦煌文书中的郑虔手札则透露了以诗、书、画三绝名世的郑虔与刻工陈博士如何商议合作制碑。这种固定的合作关系并不局限于著名的书家与刻工之间，会昌三年（843）、四年分别落葬的神策军将李遂晏及妻田氏这两方墓志皆署何赏撰、刘文贞书、李从庆刻字，考虑到志主的身份及志文中未提及撰书者与志主生前的交谊，大约是倩人作文，而这三人显然也是一固定的组合。朝廷制作的一些巨碑，往往差专使勒碑，如规制巨大的华岳庙碑，玄宗以吕向为镌勒使，孙逖、徐安贞分别有《春初送吕补阙往西岳勒碑得云字》、《送吕向补阙西岳勒碑》诗记其事。除了社会网络，刻石过程中涉及的经济活动也值得注意，如石材的获取、刻石所需的时间与费用等问题，尽管相关史料寥寥，仍颇具探讨价值。如从目前所见唐墓志的物质形态而言，高规格墓志文的长度与志石大小严丝合缝，事先当有设计，志石亦为定制。而一些中下层人物的墓志，如宫女墓志（著名的井真成墓志亦如此），由于志文简略，志石左侧往往留有大端空白，似可推测这类预先画好罫线的标准格式

井真成墓志

志石能从市场上购得或预先批量制作，满足官府及一般阶层需求。

作为政治、社会事件的立碑活动。古人素有“立德、立功、立言”三不朽之说，立碑颂德、流芳后世是立功最直观的体现，故为人所重。因此德政、纪功之类纪念性碑刻兴立背后往往充斥着种种政治的角力，是确认君臣关系、塑造政治秩序的重要一环。既往的研究尽管重视将传世文献与石刻文献相比勘，但受制于“萃取法”的取向，多将碑文割裂开来，寻找有无纠订传世文献记载之处，但对于如何从整体上理解碑文的表达与当时政治角逐间的关系、立碑的过程中碑主与朝廷的互动等则措意无多，所重者仍是碑文的内容，而对碑文言词内外的蕴意及与立碑相关的政治运作则缺乏关注。所谓言词指的是碑文本身的表达，但对于碑文这一往往带有政治宣传意味的文本而言，辞藻背后的蕴意与行动或许才是更重要的历史信息，事实上文本的本意、言外之意和立碑这一政治活动共同构成了一个互有关联的研究主体。笔者以为可以尝试用“代入法”展开碑的社会史研究，由于古人对立碑一事的崇重，立碑本身就是当时重要的政治、社会事件，围绕从立碑的许可、碑文的撰写、到碑落成前后的宣传等皆可引申出进一步探究的线索。重要的颂德碑、纪功碑，除碑文外，往往在史籍中也保留了不少相关记载，若能综合地加以运用，激发周边史料的活性，足以勾勒出更加丰富的细节，复原一个完整的政治事件。

由于碑与墓志不同的功能，相对而言，碑具有更加丰富的内涵，在当时的政治、社会生活中扮演着更重要的角色。20 世纪以来的石刻研究以墓志为主体，是以新史料的发现为驱动，但从现代学术的要求而言，更需要提升方法上的自觉，在文献考订的基础上，思考石刻的社会功能，复原立碑前后的政治场景，由物见人，借助文本通向历史现场，构成我们进入古人世界的重要路径。

《东晋门阀政治》重读随记

田余庆先生《东晋门阀政治》一书自 1989 年出版以来，至今已有二十多个年头，先后多次修订重印，虽不知其确切的发行数字，但无疑是二十余年来中文世界受众最多、最有影响力的学术专著之一。该书不但是每个中古史研究者的必读之作，无疑也具有超越专业之外的影响，这在学术研究日益象牙塔化的当下，实属罕见。印象中去年华东师大组织首届思勉原创奖的评选，遴选的范围是 1978 年以来出版的人文学术著作，该书以得票第一入选，且是惟一入选的史学著作，亦可窥见学界对此书的推重。当然若借用 1953 年瑞典文学院授予丘吉尔诺贝尔文学奖时的赞词："一项文学奖本来意在把荣誉给予作者，而这一次却相反，是作者给了这项文学奖以荣誉"，《东晋门阀政治》一书在学术史上的价值与地位早已不需要任何奖项来予以衡定，自然更非这篇小文所能涵括。以下仅就最近重读此书时的一些新感受，结合笔者对东晋历史的一些不成熟的思考，略陈浅见。

从“东西”到“南北”

《东晋门阀政治》一书主要以东晋一朝的政治变迁为脉络，讨论皇权、士族以及流民三者之间的互动关系。大体而言，偏安一隅的东晋王朝并不太为史家所瞩目，但定鼎江南的东晋却促成了中国史上的一个重要变化。今人读史，往往受“后见之明”的影响，认为南北对峙是中国历史上的常态，事实上在早期中国史上，东西之间的争衡才是主流，无论是傅斯年夷夏东西的假说，还是秦与六国、楚汉之间的角逐，皆是东西之争。甚至西晋末年至十六国时期的动乱，尽管政局如走马灯般的转换不定，但仍能隐约看出关东与关中相抗衡的影子。田先生在书中讲王衍为司马越谋划“狡兔三窟”之计，以王澄为荆州，王敦为青州，自居洛阳，所谓三窟皆在长江以北，最初并未考虑到退步江南，可见在当时人心中，偏霸江南并不是一个现实可供考虑的政治选择。尽管距当时不远，吴、蜀两国曾以南方半壁抗衡曹魏逾半个世纪，第一次展现了中国政治格局从“东西”转向“南北”的可能，而对于王衍等人来说，这段历史几乎可以算作是当代史，但现实的政治经验最初似乎仍敌不过历史的惯性，司马越、王衍仍以决胜江北、争衡中原为目标，甚至在走投无路之际，仍拥众东行，返东海故封，并未考虑南下江南。

这大概是因为在当时人心中，中原才是决定天下走势的核心区域，江南虽然腹地广阔，不过是帝国边鄙，可以传檄而定。枭雄如刘备者，闻曹操破荆州，欲南走苍梧投奔吴巨，最初并未想到联孙抗曹一节，固缘于其与孙权素无渊源，但恐也与江南从来不是中国政治中具有重要意义的版块有关。即使善用兵者如曹操，在取荆州后亦志得意满，以为天下已定，不意竟在赤壁遭受大败，恐怕多少也受累于此成见。因而，尽管从秦始皇时代开始便有“东南有天子气”的传说，但似乎并不能太当真，司马迁讲“江南卑湿，丈夫早夭”，其记录的可靠性多少有点让人怀疑，但这代表了北方人对江南的普遍观感与想象，大约没什么问题。六朝南方流行地记、异物志之类的著述，其间往往掺杂了大量志怪、异闻之说，并不能算作严肃的地理著作，这种风气的形成或许与北人南渡，逐步进入江南腹地，对于未知之地的好奇与想象有关。即使在东晋建立之后，其政权重心依然在沿江诸州，广阔的南方腹地，仍是交通不便、蛮族出没的不毛之地，其后宋齐梁陈各朝中才次第稍有开发。

总体而言，在当时人心中，说江南是帝国版图中的边鄙异质之地，大约并不为过。就连晋元帝司马睿本人也认为“寄人国土，心常怀惭”，这句话的背景，史家有很多解读，但至少司马睿对江南没有多少亲近与认同，当无疑问。这与两百多年后，陈后主“王气在此，齐兵三度来，周兵再度至，无不摧没。虏今来者必自败”的自信口吻实在是大不相同。我想即使有江左管夷吾之誉的王导，在众人新亭对泣之时，虽倡言“戮力王室，克复神州”，但对于能否凭依东南之地，阻胡马窥江，奠定中国历史上南北分立的新局面，恐怕心中也无多少把握。

另一方面，在东晋内部也有东西之争，田余庆先生书中对东晋初年“王与马”关系的形成有精辟的论述，司马睿本人不过是帝室疏属，在人望与正统上皆大有欠缺，本不具备在江左运转皇权的条件，不过因缘际会，兼得王导兄弟之助，方得以承继大统。但司马睿最初不过以安东将军、都督扬州诸军事，所能节制者唯有扬州，而东晋立国的基础在于兼有荆扬，荆州居上游之势，寄阃外之重，既是屏障江南的军事重镇，又是之后东晋南朝无数觊觎皇位的宗室、权臣赖以与建康朝廷争衡的强藩，荆、扬之争是整个东晋乃至南朝政治史的重要话题。如果说司马睿与王导的结合，奠定了司马睿立足扬州的政治基础，那么如何将荆州纳入东晋的版图，进而控制长江中上流地区，则是东晋国家能否建立的另一个关节点。以当时的政治形势而论，江州刺史华轶拒绝奉司马睿的教命，荆州刺史周顗虽忠于元帝，却无力平定杜弢的流民变乱，奔还建康，司马睿不得不仰赖王敦之力平定长江中上流地区，才奠定了东晋国家的版图，但这同时也埋下了之后王敦坐大、称兵犯阙的隐患，从某种意义上而言，东晋初年“王与马”之间的关系或可进一步理解为王导与司马睿的结合奠定了东晋的政治基础，而王敦与司马睿的结合奠定了东晋的军事基础。

“胡马”与“流民”

尽管从战国时代开始，中原政权都或多或少的面临着北方或者西北方游牧及半游牧民族的威胁，根据汉学家魏复古（Karl A Wittfogel）的看法，十六国时期进入中原的五胡，大抵皆有长期在帝国边鄙生活的经历，或多或少沾染汉风，不能以纯粹的征服王朝视之，而将其定义为渗透王朝。但神州陆沉、偏安半壁，对于当时人而言，却仍是从未有过的、极具冲击力的历史经验。田余庆先生在书中曾对东晋不与刘、石通使的原因有精彩的发覆，抉出东晋早年的外交政策乃是承续司马越时代，联合鲜卑，对抗匈奴、羯胡之旧恨。但另一方面，东晋南朝不可能永远保持拒绝与北方政权往来的僵化态度，田先生提到东晋末期杨佺期北伐时便与北魏有非正式的使者往来，而到了南朝，南北方之间官方使者往来报聘不绝，逐步建立以对等为基础的外交关系，尽管在史书中依然可以指斥对方为索虏、岛夷，但现实的南北分立之局，使得双方都面临着“天有二日”的正统危机，大约于自视为华夏正朔的东晋南朝尤甚。

除了面临着与北方少数民族政权的正统竞逐之外，胡马窥江则构成了对东晋王朝现实的军事压力，永嘉六年，石勒治军葛陂，声言南下，虽未成真，但足以让人窥破东晋在军事上的孱弱。司马睿孤身南下，本无多少实力依傍，南方虽然地域广阔，但政府控制的版籍人口较之于北方则不过十分之一二而已，江南在此之前一直不能成为一个重要的政治单元，人口寡少或许是一个主要原因，而东吴一代，汲汲于攻伐山越，远征夷州，大约也与人口不足有关。东晋欲以江南一地抗衡北方，所面临的首要问题便是版籍人口不足所造成的无兵、无粮之困局，而国家优容士族，大族豪强借机大量庇荫人口，更深化了这一危机。司马睿起初信用刘隗、刁协，施行所谓的“刻碎之政”，征发僮客为兵，意欲以此对抗王敦，这不但激化了士族与皇权之间的矛盾，而且仓促征发的僮客，未经训练，甫上战场，一触即溃，证明了检括户籍一途并不可行。

司马睿最初能在江南站稳脚跟，大约还要感谢北方因战乱而长期未能形成一个稳定的政权，无力南顾，给了东晋政权以喘息之机。外敌虽未步步紧逼，但朝廷“无兵”的危机依然需要一个可行的办法来加以缓解，而南下的流民逐渐成为东晋屏障国家的重要依靠。田余庆先生在书中对此有精辟的总结，指出“皇帝垂拱，士族当权，流民出力”是门阀政治得以维持的三个要素。之前的学者论东晋政治，大凡已注意到皇权与士族这两个因素，而流民这一要素的引入，则是田先生的孤明先发。永嘉之乱中大量南下的北方民众，往往依附于某一流民帅，群聚于长江一线，这些人口虽然不入版籍，不能被国家直接掌握，但国家可以通过对流民帅的任用与控制，将流民转化为抗击外敌、制约强藩的军事屏障。因而田先生敏锐地指出，其间的关节不在于募兵，而在于募将，北府兵的核心是北府将。

皇帝和士族是东晋政治前台的两个因素，但南渡的侨姓高门，同样并无多少军事力量，吴姓士族中倒不乏如周玘那样宗族强盛者，但似乎亦不足以为朝廷所信用，但无论士族还是皇权。他们在前台的政治争衡，皆需要在背后以实力为依托，这便是流民帅所能提供的东西，因而东晋政治的争夺，后来愈来愈演变为对流民武装控制权的争夺。但是，一旦当流民帅不再满足于扮演皇权与士族背后的角色，意欲走向历史前台，那么便意味着皇权与士族“共天下”的门阀政治走向终结，刘裕代晋便体现了这一转变，正如胡宝国在《读〈东晋门阀政治〉》一文中所评论的那样：“找到了流民帅，才终于找到了东晋通往南朝的历史之门。”

“共天下”和“共地方”

一般而言，学者普遍倾向于将中古中国视为士族政治的时代，而日本与西方汉学家的用语稍有不同，习用贵族社会一词，多少显示出受世界史相关概念的影响。门阀一语在国史上并不罕见，但对于“门阀政治”一词的运用与定义，则是田先生的重要创见，并构成了《东晋门阀政治》一书的核心概念，体现出他对士族与皇权关系的独特思考。田先生在论述中极其注意严格界定门阀政治的概念，他在 1991 年的再版题记中还特别提及：“初版中提到门阀政治即士族政治，这个提法易生歧义，第二版中删去了”，亦可见作者对于这一概念的反复斟酌，并试图与学界通行的士族政治一词相区分。田先生所谓的门阀政治，指的是：“门阀士族势力得以平行于皇权或超越于皇权。皇权政治从此演化为门阀政治，这是皇权政治的一种变态，是皇权政治在特殊条件下出现的变态”，其核心的要素有二：一是门阀政治的表象是士族与皇权的共治，即所谓的“共天下”；二是门阀政治是皇权政治的一种变态，因而不可能长期存在，严格意义上的门阀政治仅存在于东晋一朝。

这给后学留下了两个可以思考的进入点。

一是田先生大约是不赞成所谓贵族政治的提法，他在书的开头就曾提到：“学者们或多或少地受西方古代史研究影响，无形中假借了西方古史概念，一般不太重视中国古代久已形成皇权政治传统这一历史背景”，因而尽管从表面上来看，田先生讨论的似乎是与国外汉学家相似的话题，但他的问题意识却是来自于中国历史本身，即田先生所关心的并不是中古中国是否存在一个贵族社会，以及其是否可以与西方史上的类似时代相比附，而是中国长久以来的皇权传统为何在东晋出现了波折，出现了皇权政治的变态——门阀政治，进而探讨这一变态生发的原因及其向皇权政治复归的过程，这或许多少可以解释田先生在完成了《东晋门阀政治》一书之后，为何没有继续研究南朝史，而是将学术兴趣投向了北朝。田先生对于皇权政治生命力的判断，应该是没有问题的，东晋一朝，最接近夺取司马氏天下的是桓温、桓玄父子，而父子两人皆有专断、苛细之称，假若桓氏代晋成功，出现当然会是一位主威独运的强势皇帝，绝不会继续与其他士族共天下。因而所谓的“共天下”，并非是皇权与士族的共谋，而是双方实力平衡的结果，无论皇权还是士族，双方都未必满意这一独特的政治生态，只是皆无力改变。当然，这种“共天下”的局面是中国历史上极其特殊的经验，淝水之战，孝武帝、谢安与桓冲和衷共济，使得东晋君臣避免了披发左衽的局面，大约是一个世纪的门阀政治中最光彩的一页，但这似乎并不足以使中国历史出现另一种走向的可能。美国汉学家伊沛霞（Patricia Ebrey）曾提出过这样一个问题，为何贵族家族没有利用地方基础，成为割据一方的封建领主，从而使魏晋时期的政权进一步的碎片化，而是“在任何可行的时候，贵族都会见缝插针地在国家政权中谋取一席之地”，尽管这一提问本身源自西方史的经验，但恰好可以为田先生的看法提供一个有意思的注脚。

另一个问题则是既然田先生认为门阀政治有非常强的特殊性，那么门阀政治与我们通常理解的士族政治应该如何区分，在中古的其他时期，如南北朝、隋唐，士族与皇权之间的关系如何来加以界定，进而我们如何来理解士族在中古乃至中国历史上的特殊性。田先生本人并没有回答这些问题，但如果我们循着类似的思路，将皇权衰弱的标准定义为分权，那么东晋门阀政治无疑代表了中古皇权衰弱的顶点，士族与皇帝分享中央权力，是为“共天下”，这当然是极特殊的经验。但在魏晋南北朝，国家与士族分享地方政权这一现象颇为常见，根本原因在于国家权力的衰退以及中央政局的不稳，使之无力渗透至地方，不得不仰赖与地方大族的合作方能将某一区域纳入政治版图，笔者姑妄称之为“共地方”，这无疑也是一种皇权与士族的分权形式，只是不如“共天下”那么极端。另一方面，中古士族在仕宦过程中拥有各种有形、无形的特权，其对清官的定义与垄断，无疑也构成了对皇帝任免官僚这一重要权力的削夺与分享，这大约也可以被视为另一种分权形式。那么如果我们从分权的形式与程度来重新思考皇权与士族关系的动态演变，或许能为观察中古政治提供一个新的视角。

作为学术事件的《怀柔远人》

美国汉学家何伟亚（James L. Hevia）的 *Cherishing Men from Afar*（中译名《怀柔远人》）一书，由于其所标榜的后现代研究取向，在美国汉学界引起了强烈的争议，并转而在中文世界引发了进一步的关注与争论，关于该书的讨论也是20世纪末国内学界一个重要的公共话题。随着十余年时间的流逝，关于该书最初所引起的一些争论已逐渐平息，在热度渐退的情形下，重新省思何伟亚的这一研究及其引起的种种争议，或许是一个不错的时机。

该书的英文版1995年由杜克大学出版社出版，并获得了1997年美国亚洲协会颁发的列文森最佳著作奖，并以此奖的颁发为契机，引起了一系列的讨论。首先挑起这场争论的是老资格的汉学家周锡瑞（Joseph W. Esherick），他在《现代中国》（*MODERN CHINA*）1998年四月号上刊发了长篇评论，严厉批评了何伟亚在解读文献上的一系列疏失，并进而质疑作者所提出的后现代研究方式的有效性。该杂志1998年七月号中又分别刊发了何伟亚的反批评与周锡瑞进一步的回应。其实中文世界的读者更早闻到了其中的火药味，周锡瑞对何伟亚书评的中文本以《后现代式研究：

望文生义，方为妥善》为题刊抢先发表在香港出版的《二十一世纪》1997 年十二月号上，把战火烧到了中文世界。而作为决定将列文森奖授予《怀柔远人》一书的评选委员会的成员，艾尔曼（Benjamin Elman）与胡志德（Theodore Huters）合作撰写了《马嘎尔尼使团，后现代主义与近代中国史：评周锡瑞对何伟亚著作的批评》一文作为回应，发表在《二十一世纪》的同一期上。

须知在十余年前，我们对于海外汉学界资讯的获得远不如今天便利，JSTOR 之类的电子数据库尚未普及，翻译事业也不如现今发达，有幸被译成中文而被大陆读者熟知的海外汉学著作大都是出版在十几、二十年前的经典，应该承认除了少数先知先觉者外，限于条件，当时我们与国际汉学界之间尚有不小的“时间差”存在。但关于《怀柔远人》的讨论则是一个异数，国内学界几乎同时响应了美国汉学界的争论，作为国内最具有影响力的知识分子杂志，《读书》在 1998 年连续刊发了多篇关于《怀柔远人》一书及其研究方式的评论，而罗志田在中国大陆最具有权威性的史学研究刊物《历史研究》1999 年第 1 期发表的长篇书评《后现代主义与中国研究：〈怀柔远人〉的史学启示》则进一步将讨论引向了深入。正是由于该书在国内学界引起了广泛关注，其中文译本也得以被较快地翻译出版，2002 年社会科学文献出版社出版了邓常春翻译的中文本。在中文译本中，为了应对周锡瑞对何伟亚解读中文文献能力所提出的质疑，采取了一种特殊的翻译体例，作者所引用的中文文献在正文中一律按照作者自己的英译译回中文，而在脚注中提供了中文文献的原文。这样中文读者有机会自己评判作者是否误读了中文文献。国内学界此时表现出来的敏感性，最初不能不说是受到了周锡瑞在《二十一世纪》引爆那枚重磅炸弹的冲击，大约可以算作是另一次冲击–反应模式的实践。但更为重要的是这次同步化的过程，大大消减了国内学界与国外汉学界之间的“时间鸿沟”，对于国内学界的研究风气转变、学术视野的开拓颇有潜移默化的影响。十年后，我们现在基本上能够同步追踪海外最新的研究讯息，这固然应该感谢网络技术的进步以及各种数据库的普及，但当年这场讨论所带来的激励作用似乎也不应被忽视。

作为一本出版于1995年的英文著作，周锡瑞直至1997年该书荣获列文森奖之后，才在英文世界中提出严厉的批评，在时间上显得颇为滞后，所以笔者以为周锡瑞的批评所针对的是两个对象，其一是何伟亚这本书本身，其二则是针对将列文森最佳著作奖这一重要奖项颁给《怀柔远人》一书的决定。在书评的一开头，周锡瑞就委婉表达了对于这一决定的不满：由艾尔曼、莱恩（Ellen Laing）、魏斐德（Frederic Wakeman）组成的评选委员会（周锡瑞在英文版中表述中则是包括两名杰出的清代史研究专家在内的评选委员会，似乎更有春秋笔法的味道），大为赞赏何氏熟练地将“后现代式解释与新的档案材料”结合起来，从而使马嘎尔尼使团访华事件呈现出“一种全新的诠释”，当然周锡瑞也没有放过推荐该书的罗威廉（William Rowe），“罗威廉也以类似的论调在该书的护封上写道：《怀柔远人》一书在掌握第一手的清代资料方面给人以极为深刻的印象，其成就可谓卓尔不群；作为后现代主义的批判性的产物，他必将令汉学领域里最传统的学者感到满意”。或许是出于对罗威廉溢美之词的强烈不满，周锡瑞在书评中在指责何伟亚解读文献的错误时，再次捎上了罗威廉，这些反复出现的，对清代文献的误读，足以否定罗威廉的断言，即何氏的这种研究必将“令汉学领域里最传统的学者感到满意”（非常明显，我并不感到满意。而且我肯定还不是“最传统的”汉学家）。作为前辈史家，周锡瑞对于一位年轻学者的著作持如此激烈的批评立场，实在是颇有意味的一件事情。

作为美国汉学界最重要的学术奖项，列文森奖的授予无疑是对何伟亚所提倡的后现代写作方式的一次重要肯定，由于这一奖项所具有的广泛影响力，它的颁发多少有着暗示研究范式转换的风向标意义。对于何伟亚著作的肯定，在一定程度上会引导后现代史学研究的风行。出于对后现代研究范式有效性的强烈质疑，忧虑于列文森奖的颁发所起的“不正确”的导向作用，或许才是周锡瑞如此大动干戈的原因所在。

周锡瑞对何伟亚的批评主要集中于两个层面。

其一是指责其对于中文文献解读的一系列错误，认为这些错误已严重影响了其研究结论的可信性。本来对于文献存在或多或少的解读错误，是任何史学研究都难以避免的问题之一。周锡瑞批评的关键在于认为何伟亚所标榜的后现代史学研究方式，是造成这种解读错误的主要原因。正是何伟亚沉迷于颠覆史料（事实）与解释之间那种认为是理所当然关系的理论预设，造成了他的文本解读中为各种各样的想象提供了相当大的自由度，在翻译原始档案时，以解读的想象代替了忠实的翻译。周锡瑞指出较之于以往的研究，何伟亚的研究并没有提供任何新的材料，只是运用其标榜的“东方主义”理论对于相关史实进行重新构建而已。在运用史料的范围没有得到拓展，甚至还有所倒退的情况下，仅借助于新的研究视角，是否足以得出完全不同的叙述，周锡瑞对此表示怀疑。在比对了何伟亚与佩雷菲特的研究之后，周锡瑞自己得出的结论是何伟亚提供的新的叙事很大程度上是建立在对于清代文本曲解式的阅读之上。可见周锡瑞的批评尽管是从史料、翻译等细微之处入手，但其针对目标依然是何伟亚秉持的后现代立场。

其二是周锡瑞站在了以“实事求是”为研究目标的传统汉学

家的立场上，扮演了“汉学界检察官”的角色，直接质疑何伟亚所秉持的后现代理论的有效性。必须承认，作为当年左翼运动中的激进分子，周锡瑞对于中国文化的同情与了解，确实是何伟亚这代学者所难以比拟的。其在中国研究知识积累上的优越性，使其能够以“局内人”的身份来批评新一代从外部观察中国的西方学者。对于中国文化的熟悉与了解，使他能够轻易地发现何伟亚的研究在知识准备上的欠缺，并进而质疑他提倡的“东方主义”只是一种从西方出发的东方主义，而不是一种站在深入了解中国文化特征基础上展开的“东方主义”。周锡瑞评论道：何伟亚要破的很清楚，而他要立的则没那么清楚。何伟亚所代表的后殖民研究最令人费解的方面在于，后殖民研究扩展了前辈反帝国主义者对西方和日本从军事、政治、经济上剥削中国和亚洲其他国家的批判，将对现代性、理性、科学、技术等“殖民地”文化的批判也包括进来。任何亚洲人，只要提倡这些事情，就是在“盗用殖民者的智识构架”，他们批判中国学者是“彻底的现代主义者，对清代统治者的关怀和信仰抱有敌意或表示蔑视”时，则表现出了令人不安的傲慢。后殖民批评者看来是在建议中国人应把他们的头脑和愿望退回到清代（或在安全的异国情调之中）而非对西方现代性的渴望，我认为这种批判的效果便是禁止亚洲和其他第三世界民众以必要的智识和政治工具进行现代化，并使他们的国家强大到足以反对帝国主义。以上这段评论乍看上去似乎有些游离于周锡瑞对何伟亚批评的主体部分，但在实际上颇能反映出周锡瑞与何伟亚两代汉学家在研究取向上的不同，以及为什么周锡瑞无法接受何伟亚提倡的后现代式研究。作为在西方左翼运动风潮中成长起来的一代汉学家，周锡瑞很早就坚持在研究中批判帝国主义对于中国的入侵和帝国主义范式下的学术研究，在此基础上，他们对于中国文化及其近代命运抱有深切的同情，对于中国近代以来不懈追求的现代化目标表示理解与敬意。而何伟亚这一代学者，在理论上更多地受到了后现代思潮的影响，比之于他们的前辈，他们在理论上更具有反思“西方中心论”的自觉，但在另一方面他们对于中国文化同情之了解的成分也要远远小于他们的前辈，他们更加恪守职业研究者价值中立的立场，同时在解读中文文献方面也往往有着不小的缺陷。周锡瑞与何伟亚之间的区别，在一定程度上也反映了两代汉学家的代沟所在。

在一定程度上，周锡瑞的批评是可以成立的，从何伟亚所标举的“介入往昔”、主动性的阐释、颠覆史料（事实）与解释之间那种认为是理所当然的关系等口号中，我们不难发现人类学理论对其思路的影响，尽管从民族志研究出发的人类学理论是后现代反思的重要领域，但在现代人类学研究中依然很难摆脱对于异质文明猎奇性的观察，所不同的只是过去将这些异质文明视为一种低等的、落后的文明，而现代的研究更多地强调从异质文明本身的立场出发进行文化的阐释。中国研究在何伟亚手中似乎更多的是一种充满异国情调的观察，中国经验的价值只是在于证明或者证否西方理论的有效性，至于周锡瑞那代人所倾注感情的中国文明的现代出路并不是他们考虑的对象。

将社会科学理论和分析模式引入史学研究之中本身就是一个富有争议的话题。作为最为古老的学科之一，历史学在当下的尴尬就在于其回到了一种元学科的状态，历史学借以展开研究的分析模式与理论框架几乎都援引自其他社会科学领域，缺少从历史学本身生发出来的学科术语与分析范式。尽管科学概念并非能被某个学科所霸占，但是概念的有效性毕竟来自于其原初的理论背景，其他社会科学领域的概念是否可能通过“语词的旅行”被成功地转嫁在历史学的研究中，还是一个让人难以遽断的问题，而轻易借用社会科学概念造成误读的例子亦非罕见。周锡瑞对何伟亚批评的价值就在于提醒我们要不断地去寻找史学研究自身的维度，自觉地反省社会科学理论的有效性。

回过头来，我们可以观察从后现代立场出发的何伟亚为我们提供了什么样的新知识。马嘎尔尼使华一直是中西交流史上最为引人注目的事件之一，这一事件也往往被视为中国近代史的序章。在教科书的叙事话语中则被安置在鸦片战争之前，其不言自明的叙述逻辑是：清代夜郎自大式的闭关自守，使得中国逐步落后于世界，造成了鸦片战争中落后就要挨打的结果。而在西方学者的话语中，由于乾隆皇帝粗暴地拒绝了马嘎尔尼通商的要求，英国不得不寻求其他方式来打开中国大门，并借助于武力来迫使中国皇帝恢复理性，进行谈判，鸦片战争就是这种政策转变的结果。但这两种表达方式都天然地将 1793 年的马嘎尔尼的使华与半个世纪之后爆发的战争联系了起来，那么有了何伟亚“颠覆史料（事实）与解释之间那种认为是理所当然的关系”的尚方宝剑在手，我们似乎可以质疑这种理所当然联系的合法性。如果没有其后发生的鸦片战争及其造成的一系列变化，马嘎尔尼使华这一事件是否还会得到史家如此的青睐，我们对于这一事件的关注是否更多地受到历史学家“后见之明”的影响。假设鸦片战争在中国与另一个列强之间爆发，那么我们对于马嘎尔尼使华重要性的认识是否又会被颠覆。同样，我们对于这一事件是否更多的是以现代性的方式来加以评判，而没有进入到这个时代的情境中来展开思考。

对于中国的读者而言，何伟亚对于马嘎尔尼本人的背景和英国当时知识份子公共空间的描述是最具有趣味性的，通过何伟亚的叙述，马嘎尔尼本人摆脱了单向度的呆板形象，在我们的视野中变得更为具像与立体，而对于马嘎尔尼知识背景的了解也有助于我们更好地认知在其后的外交场合，马嘎尔尼本人所持态度背后的渊源所在。

关于宾礼的研究是作者着重加以发掘的部分，也是全书中颇为关键的一章。作者能够发现宾礼这一问题的存在，不能不说是拜后现代的研究视角所赐，使得我们可以追问是什么样的一个中国遭遇了什么样的一个英国。根据吉登斯（Giddens）的分类，可以将国家形态区分为传统国家（traditional state）、绝对主义的国家（absolutist state）和现代的民族—国家（nation-state）。在传统国家中，国家与社会的关系松散，国家只有“边陲”而没有“疆界”，在欧洲，绝对主义国家在16至17世纪出现，是大型帝国逐渐蜕变为分立的国家的结果。首先，国家与国家之间的“自然边陲”被定为“疆界”，随之出现了“主权”的观念，国王变成国家主权的代理人和象征，法律成为全民性的规范，直接界定个人与国家之间的关系以及制裁制度。与此同时，军事技术的发展为暴力的扩张提供了条件，军队内部行政管理手段高度发达并为控制社会提供可借用的体系。绝对主义国家的发展为现代民族—国家奠定了基础，它为后者提供了疆界和主权概念。但是，现代民族—国家只是到19世纪初才开始在欧洲出现，其推动力是行政力量、公民观和全球化，而主要的基础是物质资源的增长和行政力量的扩张。对照吉登斯提供的理想形态，马嘎尔尼时代的英国可以视为一个逐步向现代—民族国家过渡的时代，但当时的清朝依然停留传统国家的形态之上。传统国家形态的一个重要特征便是缺少主权与疆界的概念，所以马嘎尔尼所面对的中国，并不是我们当下所习见的现代民族国家，其面目和边界模糊不清。

宾礼则服务于中国特殊的天下观念，何伟亚注意到宾礼的意义可以说是独具慧眼，其对于“多主制”的论述也涉及了中国国家边界的不确定性，但这一问题涉及中国传统思维中许多精微复杂之处，何伟亚对于这一问题的阐释尚存在诸多不足。“宾客”在中国文化中是一个很复杂的概念，从政治文化上的含义来说，往往包含有“不臣”之义，如《尚书大传》所云：舜既使禹摄天子之事，于祭祀避之，居宾客之位，献酒则为亚献。舜禅位于禹，但其并非是禹的臣下，而是“客”，这里客便含有“不臣”的意义。待之客礼，固然是表示不敢视之为“臣”，带有尊敬之意，但在另一方面，客礼也有着“非我同类”的政治隐喻，三国曹丕篡汉，而待汉献帝时代的老臣杨彪以客礼，以示不臣之义，但这同样也暗示着杨彪与新朝并非同类。而中国传统中对待外夷的政治表述则受到五服观念的影响，首先强调四夷之中化外与化内的区别，愿意将其视为藩属，列入常贡的名单，这在中国的政治表述中是一种优待，说明其尚处于“王化”的范围之内，而被屏却于化外的蛮夷，中国不再将其视为臣属，而可以待之于客礼，但这些蛮夷在中国的文化观念中则属于更低的等级。所以这一文化观念指导下的天下体系，与现代外交体制中的思维模式完全不同，而且容易产生很大的误读，“不臣”并不意味着对你的尊重，而是认为你没有成为“臣属”的资格，被摒弃于化外。

五服观念下周边四夷环绕的同心圆式的天下体系造成了中国这一概念及其边界的多歧，以清代的情况而论，所谓的中国最少有三种不同的界定，首先是华北的汉文化区域，也是所谓古代的中原，这是最狭义的中国；其次是包括中国南部在内的汉文明地区，这是汉文化中国的概念。在其外层又存在的多重复杂的政治形态，首先是郡县制的边缘地区，这里往往是汉文化与少数民族文化的混杂地区，其次是土司地区，再次则是“外藩”，在清代则特指西藏、蒙古，这样构成了最为广阔的中国的边界，也是何伟亚所谓“多主制”的清帝国，再在其外的则是宾礼所针对的外域朝贡之国。这便是马嘎尔尼所要面对的，一个自身具有非常复杂话语体系的文化，这种复杂的话语体系不但是马嘎尔尼所难以理解的，即便是如何伟亚这样专业的中国研究者也难免对宾礼的概念有所误读，误以为西藏、蒙古也适用于宾礼的概念。对于宾礼意义的考掘，是何伟亚的重要贡献，但面对如此复杂的一个话语体系，何伟亚的解读只是一个开始，尚远远不足以涵盖这一体系所包含的多重指向。

作为极少的以后现代为标榜的史学研究，《怀柔远人》一书理所当然地受到特殊的瞩目，其独特的研究取向也为我们理解马嘎尔尼使华提供了许多新的知识，但作为汉学家，正如周锡瑞所批评的那样，其对于中文文献的解读能力是难以令人满意的。“沿中线而行”是何伟亚对于“丰俭适中”一词极富有洞见的误读，只是再有洞见的误读，也难以遮掩误读这一事实本身的存在，对此我们只有期待着真正能在理论与史料之间“沿中线而行”的优秀著作的出现。

书生金应熙

金应熙（1919—1991）这个名字对于读者而言可谓既熟悉又陌生。所谓熟悉，大约缘于陆键东《陈寅恪的最后20年》中对其与陈寅恪之间师生恩怨的一段描写，云其作为陈寅恪晚年最赏识的学生，于1958年初夏在北京开会时，风闻高层授意批陈，遂赶回广州率先组织对陈寅恪的批判，陈寅恪闻之勃然大怒，终身不许其踏入家门，后金应熙虽曾登门负荆请罪，终不得陈寅恪之谅解。由于此书出版后风行一时，在社会上掀起的“陈寅恪热”至今仍余波未了，“陈学”大有成为一门新学问的趋势，陆书中对金应熙的描述，使其难免作为陈寅恪“独立之精神、自由之思想”的反面陪衬——曲学阿世之典型，定格在一般读者的印象中。但书中的描写也多少激起了金应熙生前单位与友好的不满，他的同窗好友梁羽生曾撰文《金应熙的博学与迷惘》，婉转为之辩护。《陈寅恪的最后20年》出版之后不久，1997年12月24日，广东省历史学会与中山大学历史系联合举行“金应熙教授学术思想研讨会”，会议后发表的综述特设“师承关系”与“道德品格”两节，强调：“尽管金应熙与陈寅恪在世界观和史学观上有差别，但他一向十分珍视与陈先生的师承关系。虽然在50年代末的复杂历史环境下，他们曾有一段短暂的不愉快经历，但金应熙作为历史系领导，竭尽所能，在政治上保护、在生活上照顾陈先生，其功不可没。在金应熙生命的最后几年里，他一仍既往，以其彻底的奉献精神，悉心指导香港大学李玉梅博士从事陈寅恪专项研究，他完全不愧为陈寅恪先生的优秀弟子。对时下广为流传的一本传记和不顾当时的客观历史情况，对金、陈矛盾大肆渲染，有意贬低金先生人格的做法，与会者一致提出了批评”，辩诬之意非常明显（《“金应熙教授学术思想研讨会”综述》，《学术研究》1998年第5期）。

多年来，我们消费那个作为“陈寅恪热”附庸的金应熙，但作为学者金应熙的真正面貌则隐没在一个单向度的形象背后，他的学问与著述，不但对于公众，即使对于专业研究者而言亦可谓陌生。大概没有人会怀疑金应熙治史的天赋，除了陈寅恪本人的赏识，同为陈门高足的周一良曾在《纪念陈寅恪先生》一文后面特别补记一笔：“陈先生及门众多，影响深远，我认为脑力学力俱臻上乘，堪传衣钵，推想先生亦必目为得意弟子者，厥有三人：徐高阮、汪篯、金应熙也。”《纪念陈寅恪先生》一文最初是周一良1988年为纪念陈寅恪诞辰100周年而作，周先生时隔多年之后，特别在1996年6月28日添入这条补记，或有所因。当年4月5日，周一良曾收到陆键东的赠书，4月10日便读毕，并赞许作者抱理解与同情的态度对待寅老（见《周一良读书题记》，海豚出版社，2012年），这时间上的巧合颇让人联想。其他各种回忆文章中亦多有谈及金应熙记忆力惊人、精通多门外语，博学多识等诸方面的才能。可以说1949年后一系列政治运动所造成的一个重要悲剧是使得一些在民国时代或稍后已接受完整的学术训练，具备成为学术大师潜质的优秀学者，因为各种原因沉浮于世，并没有能完成与其学力相匹配的著作，这不但是学者个人的悲剧，更造成了20世纪中国学术史上的一个巨大的断层，而金应熙不过是其中的一例。

2006年，广州历史学会曾举行纪念金应熙逝世十五周年的活动，并出版了《金应熙文集》，分为古代史、近现代史、世界史三卷，使读者大体得以窥见其治学的面貌，从文集收录的文字来看，金应熙治学范围颇广，除了古代史外，涉及近现代革命史、香港史、东南亚史等诸领域，另附有一些回忆与随笔，但遗憾的是他本应擅长的中古史在论集中所占的分量极为有限，且多为1949年前所作，陈门高弟的身份似乎并未在其史学研究中留下特别的印迹。至于金应熙其他方面的研究，坦率地说，仍不脱时代的印记，很难说是第一等的工作。周一良云其“作为驯服工具，不断变化工种，终未大有成就也”，可谓的评。有意思的是前引的那篇综述中，是将金应熙一生研究方向的多次转变作为“忠诚党的事业，把国家的前途和理想放在第一位”的优秀品质来特别加以表彰的。

但除了文集所收之外，金应熙的另一部著作《国外关于中国古代史的研究述评》似乎鲜有人知（文集中仅将之前发表过几个章节作为单篇论文收录）。此书是他生前为暨南大学历史系研究生班开设“国外关于中国古代史的研究述评”课程的讲稿（1978年暨南大学复办，金应熙出任历史系主任），去世之后由其子金雨雁整理成书，于1994年由内蒙古人民出版社出版（但迟至1995年4月方印出）。或许由于出版社较为偏僻，发行不广，故是书虽已出版二十多年，叶显恩亦曾撰《遨游于学海，与东西方汉学家对话——评介金应熙先生遗著〈国外关于中国古代史的研究评述〉》（刊《学术研究》1996年第12期）一文加以介绍，但似乎未得到学界的重视。笔者最初注意到金应熙对于国外汉学研究动态的熟练掌握，缘于数年前撰写博士论文时曾读到其刊于《暨南学报》1987年第2期的《国外对于六朝世族研究的述评》一文（与邹云涛合署），士族以及中古中国统治阶层的研究早在1949年前就广受学者注目，又是东、西方汉学家长期关心的话题之一，但随着建国之后学术风向的变化，更多地强调对农民战争、社会经济形态等问题的研究，这方面的研究因与时势违碍而转入沉寂。随着八十年代的国门重开，学术研究逐渐恢复生机氛围中，一些前辈学者特别注意引介域外新知，接续中断的传统，使得这一话题重新活跃了起来，周一良在1982年发表《〈博陵崔氏个案研究〉评介》，张广达在1984年发表《近年西方学者对中国中世纪世家大族的研究》皆关注于此，而金应熙此文亦是这一潮流的一部分，这些汉学新知的引介直接推动了八十年代大陆学界士族个案研究风气的兴起。金应熙的这篇文章中不但对于西方和日本汉学家的相关研究如数家珍，甚至还提到了苏联学者马良文（B.B.Малявин）对于谷川道雄豪族共同体说的评论，笔者当时便对其阅读面之广颇感惊叹，因而特别留意其相关著述，后偶然读到叶显恩先生的介绍文章，方知曾有是书出版，幸而有缘在孔夫子旧书网上购得一本，而且还是其子金雨雁的签赠本。

《国外关于中国古代史的研究述评》一书四十余万字，分为八章，系统评述了从传说时代到清代中期以前，国外汉学家对于中国历史诸方面的研究，并兼及港台学者的相关成果，行文中间或对大陆学者相关论点也有所论列，并在每章之后附有详细的论著目录，方便学者检索，可以说是一部体例完备、收罗宏富的海外汉学研究综述。值得一提的是作者不但对于欧美、日本汉学的研究叙述颇详，对我们目前不太留意的苏联及东欧地区学者的工作也多有述及。其对各国汉学研究的总体评价颇有意味，如其认为“美国史学界研究中国古代史仍具有巨大的潜力。这不仅是因为美国拥有雄厚的经济实力和丰富的原始资料，更因为美国史学界注意运用现代化的研究手段（电子计算机、自动化程序、计量研究等），进行跨学科的研究，这代表着国际历史学发展的趋势”。金应熙已观察到随着美国经济实力的强大，二战后汉学中心从欧洲向美国转移的趋势，也注意到社会科学化对于传统汉学研究的冲击及欧、美汉学间路数差异，并在书中对施坚雅、郝若贝等人从区域、计量、长时段等角度重新解读中国历史的尝试赞赏有加。又其认为“实际上限于力量配备方面的原因，苏联历史学界对中国历史还是采取有重心的研究……对中国古代史上的一些比较重要的问题，如中国民族文化的起源、中国民族关系、土地制度与生产方式以及明、清两代的中俄关系等，都出了不少专著和有影响力的论文。不过，这种研究体制的缺点是研究人员的视野比较狭窄，知识面不够广，不论从中国古代史发展的纵向与横向方面的研究，均缺乏融会贯通，全面概括的能力”，金应熙对苏联、东欧汉学的介绍，颇关注其对于中国社会分期及性质、亚细亚生产方式等方面的讨论。这些话题颇具时代的烙印，是那一代学者的关怀所在，尽管这些讨论多有意识形态的色彩，时下已少人问津。但我们也必须要认识到这些学术话题并不完全是意识形态的附属物，20 世纪三十年代的中国社会性质论战早已开其先声，而日本学者二战之后关于中国史时代分期的论争，亦深受马克思主义的影响，书中对之亦有大篇幅的介绍讨论。因而同样宗奉马列主义的苏联与东欧学者对于中国社会性质的论述，实际上可以成为我们反思性地回顾新中国前三十年学术论争的得失的一面镜子。以 1978 年为界，中国学术面貌发生了巨大的改变，但同时也形成了断裂，随着学术风气的移易，现在学人已很少有兴趣对时代性质这样宏大的命题加以讨论，但如果仅将新中国前三十年视为20世纪中国学术史上的失落时代选择性的忽视、遗忘似亦不可取。

当然，笔者个人更为感兴趣的是从这本书中发现在学术史上隐没的中古史学者金应熙的影子，本书在某种意义上可以视为金应熙本人阅读史的投影。从全书而言，唐代部分所占篇幅最大，宋代和魏晋南北朝次之，而元明清的部分相对较为简略，作者也直言“研究元、明、清史，内容广泛，资料浩瀚，论著不可胜数。要对国外之研究成果做一综合述评，本人是力不从心”，可见金应熙尽管在中古史领域中撰述不多，但与中古史的相关研究一直是他主要的阅读兴趣所在。叶显恩认为此书是金应熙独立撰写一部有分量的《中国通史》的准备工作之一，而写成一部《中国通史》亦被认为是陈寅恪生平的愿望，在此金应熙是否有受陈寅恪影响的一面？而在书中可最为陈学家注意的一条是，金应熙在谈到《论唐高祖称臣突厥事》时，特别提到其写作的背景：“陈寅恪教授写《论唐高祖称臣突厥事》一文，是有深刻社会含义的，该文写成于解放前后，发表于1951年《岭南学报》。陈寅恪教授担心中国借用苏联的力量，日后会受制于苏联，文章的点睛之处在最后几句，呜呼！古今唯一之‘天可汗’，岂意其初亦尝效刘武周之所为……又何足病哉！又何足病哉！这说明陈寅恪教授在历史研究中政治敏感性很强”，虽然余英时在《陈寅恪的学术精神和晚年心境》一文中早有类似的怀疑，但此语出自20世纪五十年代初与陈寅恪过从甚密的金应熙之口，可谓当事者言，大约可以据此定谳。

金应熙的阅读范围极其广博，全书论及评骘各种汉学论著的数量虽无法确切统计，但至少在千种以上，而且对于各学派的形成与影响、学者本人的学术背景、论著中的主要观点与论争皆有所涉及，并非泛泛而论。金雨雁在后记中云其通读数千本（篇）有关专著和论文，写下了数百万字的笔记，实非虚言。从金应熙评述著作来看，至少涉及英、日、俄、法、德等五、六种外文，足以坐实金氏擅长多门外语的传言。颇让人好奇的是，在八十年代的学术环境下，金应熙是如何获读这么多的外文资料的，笔者最初猜测广州地处岭南的便利，或许使金应熙较早有机会利用香港各个大学的收藏。后获读史能《金应熙教授谈国外关于中国古代史的研究》（收入《金应熙文集·古代史卷》）一文，方知其1980—1981年曾受教育部委派远赴墨西哥学院教授中国历史，因而得以有机会阅读了大量海外汉学的研究，并萌生向国内系统介绍之意。墨西哥之行可能对于金应熙影响颇大，《金应熙文集》中存有两篇他用西班牙文写作的论文，虽未标明写作年代，但应该与他在墨西哥的工作经历有关，叶显恩也曾提到其在墨西哥时用英文撰写了一部《简明中国古代史》，后被翻译成西班牙文出版。《金应熙文集·世界史卷》也收录多篇他旅居墨西哥时撰写的介绍当地风土人情的随笔。

尽管汉学史的研究最近几年是一个热门的话题，但对墨西哥汉学研究的状况，似乎还少人关注，因而我们对金应熙在墨西哥读书任教的情况所知甚少，根据网络零散的信息，大约可以了解金应熙任教的墨西哥学院是一所以人文研究见长的小型研究院，目前国家汉办还有一个孔子学院设于此处。而金应熙在墨西哥所撰写的随笔中特别有一篇介绍拉美最大的大学墨西哥国立自治大学，曾提到大学离其居住的公寓很近，图书馆的馆藏相当丰富，墨西哥国家图书馆亦建于大学内，甚至还谈到复印费用颇为便宜，或许便是金应熙日常获读各种汉学著作的所在。历史有时候真让人觉得吊诡，1939年，陈寅恪早年最欣赏的门徒周一良远渡重洋，开始哈佛七年的生涯。而时隔四十年余年后，陈寅恪晚年最得意的学生金应熙竟然是在一个离美国最近、但至今对于绝大多数中国人而言极为陌生的国家，利用八十年代初难得的出国机会，疯狂地阅读各种汉学的研究著作，以弥补十余年来封闭国门所带来的损失。因而金应熙书中所引述的汉学论著，以二十世纪六、七十年代发表的所占数量最多，这恰好也与他书中的绪论中所谈到的“在广东，在国内各地的许多图书馆，从六十年代中期到七十年代初期，社会科学方面的外文期刊杂志缺刊严重，有的竟然整段期间全缺”的现象相印证。除了墨西哥之行外，可知金应熙回国后依然利用各种途径获取各种外文论著，其书中提到国外汉学研究著作时间下限集中于 1985 年前后，1985 年参加在联邦德国召开的第十六届国际历史学科大会或许也是其获取国外学术信息的一个机缘，其在书中多处引述了国际历史学科大会上的论文。除了以上所述的情况，笔者另有一个大胆的猜测，金应熙可能在六七十年代都未中断阅读国外的研究论著，金应熙于 1963 年被借调到北京“中俄关系史研究组”工作，参与当时“中苏论战”中的“九评苏共中央公开信”的资料收集研究工作（见黄启臣《热情奖掖后学的金应熙教授——回忆金应熙教授对我的教诲、爱护和帮助》，当时主其事者为黎澍，预其事者尚有余绳武、齐世荣、李龙牧、蔡美彪、张岂之、宁可、张文淳、刘祖熙、李嘉恩、洪兆龙、廖学盛、戴逸等，见戴逸《回忆金应熙同志》），与之有类似经历的是张广达先生，张广达曾经回忆说因参与中苏论战的资料收集和翻译工作，北大历史系唯一的一张北京图书馆的集体借书证长期在其手中，得以有机会阅读大量新旧书刊(《我和隋唐、中亚史研究》）。可以推想金应熙应该有类似的待遇，而他似乎对北京的外文书刊的收藏情况亦颇为了解，“要想要多看一些国外研究中国古代史的图书资料，往往要跑到北京。北京各图书馆馆藏的这一方面书籍比较多一些，但是有时候到北京也找不到所需要的书籍”，特别是其对苏联、东欧汉学的了解，书中还有几处提到中苏论战背景下苏联学者对中国学者的批评，如讲到齐·拉皮娜写过一篇《中华人民共和国关于十一世纪中国变法运动的问题》，批评中国史学界对王安石的评价有“民族主义的偏见和把马克思主义理论庸俗化”，这些或许与其在北京的阅读及工作经历有关。

尽管不能说这部著作是没有缺点的，受时代条件的局限，其对海外汉学的研究介绍尚不能说是完备无遗，亦有一些重要的论著并未被提及，书中各种排印错误甚多，有些已经影响到了读者的理解。但研究综述的撰写作为一种“为人之学”可谓用力多而程功少，甚至在目前的学术评价机制下并不被视为一种可供“计量”的研究成果，故当下学者愿意致力于此者恐不太多。相比而言，日本同行在这方面的工作要精细有序得多，不但《史学杂志》每年五月“回顾与展望”的专号会对去年一年各个断代的研究工作有详细的综述，而且各种专门的研究指南与手册出版层出不穷，更新较快，持续追踪吸收学界最新的研究成果。大陆则几乎找不到一本合适的古代史研究指南，往往只能用出版较早的山根幸夫《中国史研究入门》充数，或用台湾学者高明士在山根幸夫著作的基础上增补港台学者研究而成的《中国史研究指南》，但这两本书所收录的研究皆截止于20世纪八十年代前期，对教学研究工作展开颇为不便，金应熙早在20世纪八十年代便有意以是书为学术津梁，引导初学了解海外中国研究的大概面貌，追踪国际学术潮流，可谓颇具先识。而在目前的学术环境中，大约亦不可能再有一位类似能通晓多种语言的学者，潜心阅读数千种论著，独立完成一部通贯整个中国古代史的国外汉学研究综述了。

金应熙这辈学者在建国之后的人生选择或许有很多可以被议论的地方，其实利用现在的各种数据库也很容易检索到金应熙曾发表过的一些大批判文章，时下不少人对自汪兆铭以下各色落水文人都愿意持一种同情的态度来加以理解，若此，似也不应独苛责于金氏之甘为驯服工具。更何况在20世纪上半叶，左翼激进思想对于年轻人几有无可阻挡之魅力，陈寅恪最得意的几位学生周一良、汪篯、金应熙皆有类似的经历，另一位徐高阮虽远遁台湾，但早年也是“一二·九运动”中的活跃分子，后来才逐渐右转。陆键东提到陈寅恪感慨他最好的学生还是共产党员的学生，其实这在当时绝非个别现象，洪业也曾提到“我很多最聪明的学生加入了共产党”（陈毓贤《洪业传》，商务印书馆，2013年）。加之金应熙之父金章二曾是汪伪汉奸，若要让出生香港，背负“原罪”的金应熙不趋时趋新、追求进步，恐亦不易（陆键东曾在书中引用过《金应熙生平档案》，若能公布对于我们理解金应熙的生平与思想当有重要价值）。唯所惜者金应熙这样的学人在具备成为伟大学者的一切条件之后，却虚掷了人生中最宝贵的时光，远远没有完成与自身能力相称的学术业绩，给自己及中国学术史留下了永远的遗憾。

冷战中的南非与古巴

2013年末，南非前总统曼德拉逝世，尽管这是一个世界舆论早有心理预期的新闻，他在去年上半年便已多次传出病危的消息，6月更有媒体爆出其孙已将葬礼的转播权高价卖给南非国家广播公司，颇惹出了一些非议。但作为世界上少数几乎没有争议的政治人物，曼德拉的离世还是在世界范围内引起了广泛的悼念，据报道有91个国家和组织的元首及代表参加了他的葬礼，甚至在NBA比赛现场也用大屏幕插播了曼德拉影像，以示敬意与哀悼。曼德拉本人在废除种族隔离制度之后，出任南非历史上第一任黑人总统，特别是建立真相与和解委员会，平等公开地调查种族隔离时期黑、白双方的侵犯人权的行为，在查明真相的基础上推动民族和解，完成了南非政治的和平转型，赢得世界各国的广泛赞誉与尊敬，这一历史功绩在其身后的诸多报道中早广为人知，自无需笔者赘言。

但在曼德拉的葬礼上，美国总统奥巴马与古巴领导人劳尔·卡斯特罗握手这一颇具象征意味的片段，不免让人想起非国大在废除种族隔离制度斗争中一段已被淡忘但却重要的历史。南非自

1948—1991 年间实行了长达 43 年的种族隔离制度，几乎和整个冷战的历史相始终，因而，南非黑人与白人之间为了废除或维系这一制度所展开漫长的斗争，其战场绝不仅局限于南非内部，而是与冷战中美苏争衡、南部非洲的独立运动、古巴的革命输出等外部因素紧密地结合在一起。近读文安立《全球冷战——美苏对第三世界的干涉与当代世界的形成》一书，作者一反传统冷战史聚焦美苏两个超级大国及位于铁幕两侧东、西欧诸国的研究路数，借助全球史的视角，转而关注美苏双方在全球范围内意识形态输出和势力范围的竞争如何与亚非拉新兴国家的独立诉求及民族主义相杂糅，而正是在这一争夺的过程中，第三世界作为世界政治版图中的重要一翼逐步形成。此外，近年来陆续出版的《世界历史文库》系列，这是自文革中组织翻译 “国别史”丛书以来，最大规模的各国通史翻译计划，虽然在选目与翻译质量上稍有参差，但亦为国人更新关于亚非拉的认知提供了便利。其中《古巴史》一册的作者理查德·戈特虽有古巴人民老朋友的嫌疑，但书中对卡斯特罗输出革命的种种举措倒也着墨甚多。

在之前大多数媒体的报道中，都多少有意无意地将曼德拉塑造为一个非暴力的和平主义者，这点大约距历史真相稍远。在南非废除种族隔离制度的斗争中，先后出现过四位诺贝尔和平奖得主，除了 1993 年因废除种族隔离制度而获奖的曼德拉和德克勒克之外，之前的两位分别是 1960 年获奖的非国大主席艾伯特·约翰·卢图利（Albert John Lutuli）和 1984 年获奖的图图主教（Desmond Tutu），这两位都因主张以非暴力的手段废除种族隔离制度而获奖，相反曼德拉最初代表了南非黑人运动中激进的一翼，他和奥利佛·坦博（Oliver Tambo）、姆贝基等人皆是更为激进的非国大青年联盟中的核心人物。1960 年是南非黑人运动史上的转折之年，虽然当年卢图利成为第一位获得和平奖的非洲人，显示南非黑人的抗争得到了国际社会的关注与承认，但就在同年南非当局在沙佩维尔事件后宣布取缔非国大，直接导致次年非国大转向武装斗争。曼德拉本人则亲自组建了非国大的武装组织民族之矛，不过曼德拉 1962 年便因从事武装斗争而遭到逮捕，传言美国中央情报局为南非当局的行动提供了情报。而 1967 年接替去世的卢图利出任非国大主席长达 24 年之久的坦博，在此之后长期领导了非国大及南非黑人的斗争，当然不乏运用暴力手段展开的斗争。因而后来在真相与和解委员会的调查中，已经逝世的坦博被认为需要对 1983 年造成 17 死 197 伤的教堂街爆炸案负责。从某种意义上而言，曼德拉担任总统后之所以能放手推动这一调查，甚至其发妻温妮也难逃指控，乃是与其坐牢 27 年，没有沾染其中任何一方鲜血的便利有关。事实上，直到 1980 年代末，卡斯特罗式的道路一直是南非黑人运动中的重要选项。

南非种族隔离制度的最终废除恐怕也非缘于非暴力的和平斗争，而以民族之矛、波戈为代表黑人武装组织由于实力薄弱，并不能真正撼动号称拥有南部非洲最强大军队的白人政权。特别是 1960 年非国大被取缔后，其主要的领导人或被投入监狱，或长期流亡海外，对国内局势的影响力受到限制，而民族之矛主要的训练营地更位于遥远的坦桑尼亚。事实上，自 1960 年代以后，南非黑人的解放运动在更广阔的范围内与南部非洲各国的民族独立战争及冷战中美苏在这一地区的争衡裹挟在一起，其中尤以南非周边的津巴布韦、莫桑比克、纳米比亚、安哥拉等国的局势对南非国内局势的变化影响为甚。

津巴布韦原为英属南罗德西亚，1965 年宣布独立，但独立之初建立的是一个与南非类似的土著白人政权，这一政权遭到了占人口多数的黑人的反对，后者广泛开展了反抗白人统治的游击战争。与冷战中所有常见的戏码一样，南非、葡属莫桑比克、罗德西亚三个南部非洲的白人政权以及美国站在了一条战线上，而津巴布韦游击队后面站着的是坦桑尼亚、赞比亚这些新兴的民族国家和苏联。1974 年葡萄牙内部发生左翼的康乃馨革命，推翻萨拉查的独裁统治，进而宣布放弃所有海外殖民地，另可一提的是此举奠定了澳门回归和东帝汶独立的法律基础。借此东风，1975 年莫桑比克黑人取得独立战争的胜利。津巴布韦的白人政权渐亦无力支撑，1979 年通过兰开斯特大厦会议达成和解，并于次年选举产生了以穆加贝为首的黑人政权。至此，南非白人政权失去了非洲大陆上唯二的盟友，而之前正是由于这两个盟友的存在，南非政权才能把非国大的力量隔绝在与其本土不接壤的坦桑尼亚与赞比亚，更糟糕的是这两个新独立的黑人国家，特别是建国后宣布宗奉社会主义的莫桑比克，对南非境内黑人兄弟的命运抱有深刻的同情，成为非国大政治、军事力量向南非国内渗透的重要渠道。

如果说南非在津巴布韦、莫桑比克的行动还属于暗战的话，那么其对于纳米比亚的占领及大规模卷入安哥拉内战这样的热战，成为压垮白人政权的重要砝码之一。纳米比亚原称西南非洲，原为德国殖民地，南非 1915 年借第一次世界大战之机占领其地，国联 1920 年决议将西南非洲暂时交予南非托管，1946 年联合国要求南非将其转交联合国托管，遭到南非拒绝，南非于 1949 年正式将其吞并，并推行种族隔离政策。20 世纪六十年代以后，随着左翼的西南非洲人民组织（SWAPO）的崛起，发生了反抗南非殖民统治的游击战争。另一方面，葡萄牙殖民者的突然撤退，在安哥拉留下了巨大的政治真空，随即苏联支持的安哥拉人民解放运动与美国支持的争取安哥拉彻底独立全国联盟之间展开了持续 27 年之久的惨烈内战，而南非为了消灭以安哥拉南部为基地的 SWAPO 游击队，与安盟结成同盟，大规模地卷入安哥拉内战。

而在安哥拉内战中扮演另一个关键角色的则是远在万里之外的古巴，在古巴革命胜利之后不久，卡斯特罗便将输出革命的目光投向了非洲。由于古巴黑人主要是早年被非洲贩卖而来的黑奴后裔，因此古巴革命者觉得他们对非洲黑人的解放事业具有天然的道义责任，一个有意思的细节是格瓦拉率领至刚果百人分队全部由古巴黑人组成。古巴人为安哥拉、几内亚比绍、莫桑比克的左翼游击队提供军事训练与援助，而正是这些游击队摧毁了葡萄牙在非洲的殖民帝国。正如几内亚比绍革命者阿米尔卡·卡布拉尔（Amilcar Cabral）所言："我不相信死后还有来生，但如果有的话，我们的那些被抓到美洲做奴隶的祖先们的灵魂现在一定会欢欣不已，因为他们看到子孙们重新团聚，并为争取我们的独立和自由而精诚合作。"

尽管古巴人对于非洲的兴趣随着格瓦拉的离开而一度减弱，但随着 1975 年安哥拉内战的扩大而重新燃起，或有人会将南非与古巴在安哥拉内战中长达十余年的较量视为美苏之间的一场代理人战争，但卡斯特罗本人的英雄主义情怀也在其中起到推波助澜的作用，倒是苏联人经常怀疑非洲的革命者并不是"纯正"的马克思主义者，就像他们之前怀疑毛泽东和卡斯特罗一样，当然后来的事实证明苏联人的怀疑是不无道理的。卡斯特罗最初在没有苏联人帮助的情况下，运用老旧的涡轮螺旋桨飞机，经过 48 小时的漫长飞行，其间还经过 3 次经停加油，将古巴特种部队紧急输送到安哥拉战场，苏联人加入之后，又在很短的时间内帮助运输超过 1.2 万人的古巴军队投入战场，挡住了南非人向罗安达挺进的步伐，改变了战场的局势，而安哥拉的天空则长期是由古巴飞行员和飞机保卫着的。更决定性的行动发生在1988年，当时冷战已告尾声，忙于搞缓和的苏联人早已无心在安哥拉继续恋战，但卡斯特罗动员超过1.5万古巴精锐部队投入安哥拉战场，并在奎托夸纳瓦莱（CUITO CUANAVALE）决定性的击退了前来进犯的南非军队，这场战役是欧加登战争之后，非洲大陆上最大规模的陆上会战。此时，古巴投入安哥拉战场的军队超过了5万人，如果按人口比例计算相当于美国在越南军队的两倍。正是这场战役迫使南非与安哥拉、古巴展开谈判，最终达成了双方军队同时撤出安哥拉的协议，并允许纳米比亚独立。

正因如此，曼德拉在出狱之后访问的第一批国家之中便有古巴，他在1991年7月在古巴参与纪念攻打蒙卡塔兵营38周年的集会上曾热情的赞颂奎托夸纳瓦莱战役“使得安哥拉享受和平、并建立自己的主权成为可能；击溃种族主义的军队，使得纳米比亚人民获得独立成为可能；对侵略的种族隔离主义军队的决定性胜利，打破了白人压迫者不可战胜的神话；对种族隔离主义军队的决定性胜利，对处于斗争中的南非人民是一个鼓舞。如果没有奎托夸纳瓦莱战役的胜利，我们的组织将不会取得合法的地位”。

事实上，非国大长期以来是苏联在南部非洲最重要的盟友，南非共产党（SACP）大量党员加入非国大，并长期主导了非国大的军事组织，其中1993年遭白人种族主义者暗杀的南非共产党总书记克里斯·哈尼（Chris Hani）便曾长期担任民族之矛的总参谋长。而早在1969年，苏联人便曾派遣红旗特种飞行大队将1500多名非国大成员从坦桑尼亚运至苏联本土接受训练，并一度计划将非国大战士派往阿尔及利亚作战。而在曼德拉逝世之后，非国大在讣告中承认曼德拉本人也是南非共产党的成员，并任中央委员（Madiba was also a member of the South African Communist Party, where he served in the Central Committee. *The passing of Cde Nelson Rolihlahla Mandela*，见非国大英文主页）。

必须要承认，曼德拉政治生涯最成功之处，便是带领非国大顺应了冷战之后的国际潮流，以放弃社会革命的主张为代价，完成了与白人政权的政治和解，最终废除了种族隔离制度，赢得了广泛的尊敬。但在历史的背面，古巴战士在南部非洲独立事业中牺牲与流血则被隐没，难怪《格拉玛报》要在曼德拉葬礼次日发表题为《曼德拉和菲特尔：什么未被陈述》（Mandela and Fidel: What is not being said）的评论，指出“在 1975 年至 1991 年，有 45 万古巴人冒着生命危险在安哥拉工作和战斗，其中有超过 2600 人战死沙场，伟大的曼德拉的逝世为表彰这些战斗以及卡斯特罗和古巴革命的国际英雄主义提供了契机”，但这些在国际主流媒体之外的声音又有谁会听到呢？只有邀请劳尔·卡斯特罗在葬礼发言，才稍许透露些古巴与南非间的旧谊。

高亢的革命史诗剧的结尾却伴随着荒谬，奎托夸纳瓦莱战役中古巴人的英雄奥乔亚将军（Arnaldo Ochoa），这位曾经先后在委瑞内拉、刚果、津巴布韦、莫桑比克、埃塞俄比亚、安哥拉作战，甚至 1973—1974 年一度指挥古巴坦克部队驻守戈兰高地准备迎击以色列的古巴将军，在回到古巴之后不久便因卷入贩毒而遭到审判，并于 1989 年 7 月被判处死刑。有人怀疑，对于奥乔亚的审判具有政治目的，他曾支持将戈尔巴乔夫式的改革引进古巴。而具有讽刺意味的是奥乔亚贩毒所依赖的情报与运输网络，则是古巴为了向哥伦比亚及中美洲的游击运动输送武器而建立起来，而这一网络中的重要一环是巴拿马的独裁者诺列加将军。1989 年 12 月 20 日，美国以涉嫌贩毒为名，发动闪电式的入侵，将其逮捕。

文安立在书的前言中写道：“在整个研究过程中一直令我感

到震惊的是，在遥远的异国他乡援助朋友或者反抗敌人的美苏双方顾问们都展现出强烈的使命感和牺牲精神”，但冷冰冰的事实则如冷战中最杰出的外交家之一多勃雷宁（Anatoly Dobrynin）所断言那样：“70 年代期间超级大国们在非洲的大举扩张活动大多数是徒劳无益的，20 年后，没有人（除了历史学家）能够记起它们”。冷战中美苏之间强烈的意识形态对抗，使得美国“牺牲民主的价值观，以在大多数第三世界支持右翼独裁统治的方式来阻止左翼独裁统治的出现”（加迪斯语），南非只是其中的一个例子。当然苏联方面也是一样，阿富汗战争的泥潭最终葬送这个国家。这使得任何一个独裁者无论多么愚蠢与腐败，都不难找到一个超级大国作为盟友，这种荒诞局面的存在使得当时所有怀抱理想主义的牺牲者，在现在看来都显得暗淡与模糊，但须知这些牺牲者中并不乏中国人的身影。

读经已死，经典教育万岁

写下这个略有耸动的标题，并非是有意要哗众取宠，与这个题目多少有关而可引为谈资的至少有两个话头，一个是胡适 20 世纪三十年代在美国芝加哥大学以“儒教的历史”为题发表的演讲时曾说：“儒教已死，儒教万岁，我现在也可以是儒教徒了。”胡适的意思大约可以做以下理解，作为一种国家意识形态、规范着人们日常秩序的儒教随着原有帝国体制与社会结构的崩溃，皮之不存，毛将焉附，已走向死亡，但是作为一种学术研究对象的儒教则恰恰因此获得了新的生命，整理国故之业，方兴未艾（参读余英时《现代儒学的困境》，收入《现代儒学论》）。另一位则是美国学者施坚雅（G.W.Skinner）在 20 世纪六十年代推动美国中国学研究范式的转变过程中曾向新一代的学者发出呼吁：“汉学已死，中国研究万岁！”施坚雅此处作为论敌抉出的汉学（Sinology）指的是传统汉学，其治学特色以语言、文字、考据为基础，大抵重知识而轻解释（参读姚大力《西方中国研究的“边疆范式”：一篇书目式述评》，收入《读史的智慧》）。毋庸讳言，汉学这门学问的产生本来就带有鲜明的西方中心论及殖民主义的色彩，与汉学并称的印度学、突厥学、藏学等学科，大抵都以研究与西方文明异质的、已经死亡（至少丧失活力的、停滞的）的古典文明为宗旨，因此往往倾向于将这些文明理解为僵化停滞、均质同一的实体，而以社会科学家自居的施坚雅所提倡的中国研究（China Studies）则强调运用社会科学的方法展开对于中国的研究，重视观察中国内部焕发的活力与持续性的变化，强调中国各区域间的不平衡与文化差异，试图基于综合性的、长时段的视角来考察中国历史的变迁，并建立更有效的解释框架。

胡适与施坚雅发言的时机恰好都处于时代风气与学术思潮的转折点上，胡适承续五四以来的科学主义精神，所欲分梳的是作为意识形态的儒教与作为学术研究对象的儒学之间的不同，施坚雅所极力推动的学术范式的革命，在某种意义上展示的是古典学问与现代学术之间的分野。直至今天，这对我们理解何谓经典、如何在现代学术体系下审视经典、乃至于如何理解以大学教育为核心的现代学术训练的意义与目标依然具有重要的价值。

近代以来，随着反传统的浪潮日趋激烈，尽管不同的学者对于如何理解“打倒孔家店”之说多有歧见，但除了个别之外，大多数学者都基于清末以来国难日深的历史现实，主张以西为师，热情拥抱西方的科学主义，即使在最传统的古代文史研究领域，也往往热衷于从乾嘉学术中发掘出科学主义的基因。大体可以认为，大多学者间的分歧只在于在多大程度上打倒孔家店、是否要全盘西化，至于“打倒”与“西化”这两个取向本身，虽然亦间有质疑者，然所论多并不为时所许，当下甚受推重的国学大师钱穆等人，在民国时，却是学界的旁支异数而已。钱穆曾落选由胡适派学人主导的第一届中央研究院院士，而同时与胡适政见相左的郭沫若则顺利当选，尽管郭沫若宗奉马克思主义，与胡适等政见分歧，但郭沫若用唯物史观解释中国历史也是西方科学方法的一种，与钱穆固守国故的藩篱不同。胡适所欲分梳儒教与儒学的不同，便基于此背景，其言语之中已将儒教视为已经死亡的过去，正因如此，儒学才能成为科学研究的对象。

毫无疑问，20世纪的前八十年，无疑是儒学地位急剧下降的时代，这一风潮在文革中达于鼎盛。在20世纪，孔子被拉下了神坛，先是失去了先圣的光环，后来连先师的资格也保不住，在“文革”中更因政治牵累成为要横扫批臭的对象。而有第二次启蒙之称的20世纪八十年代的社会文化思潮，在某种程度上可以视为五四科学主义精神的复归，带不来四个现代化的传统学术自是只能避居旁席，以《河殇》为代表的拥抱西方、走向世界的梦想便是此种思潮的典型表现。直至20世纪九十年代以后，随着所谓思想家淡出，学问家凸现的文化变局，学者一方面已不再像八十年代一样再站在舞台中央，对于公众有着巨大的影响力，转而退居象牙塔中，另一方面与之对应的是中国转向内在，某种程度的文化保守主义开始成为中国思想界的重要一翼，当然这种变化也与近二十年来国力见长，民族自信力的恢复相辅相成。因此，我们首先要在20世纪以来的中国思想变迁的脉络下来审视最近几年广被媒体炒作、追捧的国学热及读经运动。

无疑民族主义是现代民族国家得以成立的重要共同心理基础，特别是对于中国这样一个在近代史上曾遭逢过屈辱的国家而言，所谓国学之争确实很难只作为一个纯粹的学术话题而被讨论。事实上，近代史任何一次所谓的国故整理都不是纯粹的学术事业，甚至国学这一概念的出现，也是西学冲击下的产物，因而谈及国学，不免容易陷入多少带有民族主义情绪的中西优长之争中去。在承认了这一前提之后，笔者接下来想要讨论的是，在大学教育中我们应该用何种态度来讲授国学、以及作为国学成立基础的中国古代经典。

首先要承认的是，中国现代的大学体制、学科分类乃至课程设置方式都是移植自西方。因此，这一前提是我们展开讨论的基础，笔者以为现代学术体制下的大学教育与传统的读经式的教育一个根本性的区别在于，当下大学所培养的应该是具有科学素养及理性批判意识的现代知识人。所谓国学经典只是整个课程体系中的一个部分，而且这种教育应该是建筑于精密学术研究基础之上的对于经典研究式的、分析式的探讨，而不是接受式的、信仰式的习得，这与传统读经教育强调将经典内化为指导自身行动的道德律令，并由内圣而致外王的路径有着本质性的区别。中国的传统学问（特别是儒教经典）带有强烈的经世色彩，这一方面固然养成了中国知识分子达则兼济天下的人文主义情怀，但一方面也使得中国学术往往与现实政治纠葛不清，以“仕”作为“学”的目标，便使天下英雄尽入此彀中。等而下之者，更是有“术”而无“学”，打着“帝王师”、“哲人王”的旗号汲汲于功名利禄之图。反思当下国学复兴的热潮，我们一方面固然要为传统文化研究重新得到关注而感到欣喜，但更加要对隐藏在其背后的某些非学术的内容、某种民粹主义的情绪抱有深刻的警惕，笔者个人绝无法同意某些学者所主张的以所谓“通三统”为名，将传统儒家学说与现代意识形态相结合，杂糅包装成某种政治权力合法性来源的述论，现代学术的基本特质便是其不依附于特定权力与意识形态的独立性，胡适早已说过儒教已死，我们不必再让已死的幽灵飘扬在中国学术的上空。现代大学本质上应该是一个摆脱意识形态束缚的学术中立机构，基于此点，其所教授的必须是儒学而非是儒教，民间可以搞各种读经班，可以穿汉服，但在大学之中，教师的讲授需秉持价值中立的原则，毋以个人好恶为褒贬。

从目前正在进行中的复旦大学文科课程体系改革的方向来看，课程体系已从过去以学科分割为特征的、体系规整的课程设置，逐渐转向赋予教师更大的自由度，进而开设大量专题性的、围绕某种经典的阅读与研究展开的、体现学术前沿水准的多元化课程。过去课程体系的一大弊端在于，过于强调知识、结论的传授。这种往往以 ×× 史、×× 通论命名的课程，学生在学习完了之后，除了记住一堆人名与概念来应付考试之外，很难登堂入室，真正进入古人的世界，从而产生对中国文化的亲切感与认同感，只是守着一堆毫无生气的人名与概念在学术的门口徘徊。因此，以中文系在 2001 年之后推行的课程体系改革为先导，大量开设原典精读的课程，以此构筑新课程体系的基石，这种改变在复旦各学院核心课程的体系及经典读书计划中也得到了充分的体现。对于原典精读的重视，首要的目的在于提高学生对于经典的接触度，与其花时间去记住 200 个文学家的名字还不如去精读一遍《论语》，希望从某种师生共同感兴趣的经典入手，在文本精读的基础上，辅以教师的引导，训练学生阅读古典的能力，进而激发学生对于古典的兴趣。

这种经典教育的方法在某种程度上与中国古代强调读书需先识字的治经方式有共通之处，所谓的精读自然要从最基本的疏通文义、典章故实入手，而不是搬弄一些二手的概念、分析与研究给学生。因此，古人的经疏史注在当下依然构成了我们进行经典教育与研究最重要的文献基础。以此入手，训练学生点读、理解中国经典的基本能力，进而培养其对于中国文化的同情之了解，在这方面很多学者已有共识，毋庸赘述。但笔者所欲申论的则是另外一面，即除了基本的文献训读能力，基于现代学术的要求，经典教育还必须提供给学生什么。笔者以为最重要的便是对批判性思考能力的训练，这在某种程度上体现了古典学问与现代学术的不同取向。我们教学生读四书五经，并不是要将学生培养成一个儒家道德的信徒，若因此提升学生的道德水准，只能算是附带的成绩。经典教育在培养学生阅读古籍的能力，加深其对古典的亲近感之外，更重要的一点是教学的过程中需训练学生独立的思考能力与科学的批判精神。

学生须对古代经典有所了解，这是作为一个中国现代知识人所必须具有的素养，但经典教育的目的并不是要教育学生信而好古，而是要在学习研读经典文本的同时，习得现代学术的批判精神与思辨能力。20世纪中国学术从信古、疑古到释古的演变过程无疑彰显着学术研究从古典走向现代的变迁，而经典教育课程的规划亦要体现现代学术的研究水准。以中国经典的一般情况而论，这主要需在讲授中包含以下几方面的内容：介绍经典文本复杂的多次结集形成过程，介绍历代经师出于各种政治、文化目的对于经典的诠释与曲解及古代政治与学术的复杂互动关系，介绍现代学术的前沿研究（特别是对于先秦典籍而言，最近五十年出土简帛对于先秦学术史的改写是必须传递给学生的重要讯息）。总而言之，我们经典教育的目标并不是要向学生传递一个中国文化悠久、灿烂、连续的完美图像，而是展现中国经典本身所具有复杂的历史面貌，须让学生了解中国历史书写中层累造成的特征（如三皇五帝神话的建构与发明），经典文本流传形成的复杂性及其背后政治、文化动力（如尚书古文的公案），经典地位的变迁与政治权力之间的关系（如孟子升格运动）。通过这种建筑于精读基础上的文献批判，学生一方面可以加深对于古代经典的了解，另一方面也在对文本制作形成的分析中，学习如何批判性地理解历史记载、通过对相关经典研究论著的研读建立起对学术史的基本了解、初步学会收集资料、开展学术研究的方法。

复旦大学自十余年前便提出建设研究型大学的口号，这一目标自然不是靠研究生数量的增长所能达成的，培养本科生的学术能力才是其中的根本所在。因此，所谓经典教育课程与以往课程的最大不同之处，便是要从注重知识传授转为注重学术能力的培养。而笔者私见以为经典教育课程最核心的两点一个是扎实性，强调对于原典文本及第一手文献的接触与阅读，不作耳食浮泛之言，奠定展开学术研究所必须的文献学根基。第二则是前沿性，注意将经典研究论著及国际学术前沿的动态介绍给学生，侧重于对学生批判性思维的培养，在此过程中培养学生的分析思辨能力，进而了解学术史的演进过程，培养从事学术工作的兴趣与能力。若能初步做到这些，庶几近于在现代学术体制下展开经典教育的目标所在。

今月曾经照古人：河洛考察散记

一、考察何为

作为古代史的研究者，传统意义上而言主要处理的对象是文献。初入学门，便被老师们耳提面命“板凳要坐十年冷，文章不写半句空”。俗话说文无第一，文章空不空是一个价值判断，不太好说，板凳能否坐得住则比较容易量度，于是本行业的职业病是颈椎炎。不过这种皓首穷经式的凄苦形象多少是学者自身建构的产物，事实上，近代以来史学的重要变化之一，便是走出狭义的文献，走出书斋。傅斯年在《历史语言研究所工作之旨趣》中所提出那句著名的口号：“上穷碧落下黄泉，动手动脚找东西”，便是这一潮流的体现。傅氏主张“凡一种学问能扩张它研究的材料便进步，不能的便退步”，但敏锐的研究者如罗志田早就注意，在这一潮流中一方面主张极力扩张史料的范围，将出土文献、神话传说、民俗调查等新史料或既往研究所不取的材料都纳入研究的范围，另一方面则对传统的旧文献弃之如敝履，贬低其价值（参读罗志田《史料的尽量扩充与不看二十四史——民国新史学的一个诡论现象》，收入《近代中国史学十论》）。最著名的言论大约是梁启超所云，二十四史不过是帝王将相作家谱。史料的尽量扩充与不看二十四史，这两项自相矛盾的主张，初看起来像两列快要相撞的列车，但反映的思想倒是同构的。

时下距百年前现代学术体制的草创期已远，这些激烈的主张也早已成为学术史中的一页。熟悉现代学术生产工业，被分割在各断代史领域中的我们早已融合了新旧。正史中的主角当然是帝王将相，甚至古人自己都批评南北《史》“竟似代人作家谱”，但在史料不多的中古史领域，正史当仁不让地回到了舞台的中心。当然，近代以来重视出土文献的风气，同样影响深远，简牍、墓志、文书皆成为专门之学，能否使用出土材料早成为中古史领域中研究是否预流的标志。但历史学所重视的出土材料，集中于有文字的部分，因此有“出土文献”之谓，其标举的重点在于文献，出土只是与传世对应的修饰词。特别是各类出土文献，经过影印、校录、标点乃至考释等工序后，从形态上而言，早就和传世文献别无二致。因此，在民国学术浪潮过去后，史学似乎又重新回到了书斋。历史的现场如何抵达？在后现代的冲击挑战甚至瓦解了文本的坚固性后，走出书斋，重返现地，就能自然而然地与古人处于同一情境了吗？正如人不能两次走进同一条河流，现代学者与游客对历史现场的再临，本身就是对往昔的介入与重构，夹杂着现实与历史。

考察其实是一个语义模糊的字眼，与考古作为一门学科有清晰的指涉范围不同，考察似乎天然地带有走马观花的色彩，介于业余与专业之间。古代学者也有类似的访古之举，但古人所访之“古”，与今人的文物观念虽有不少重合之处，但仍存分歧。古人访古的重点，大约包括两类，帝王前贤的陵墓坟冢及传说中的遗迹、地面上保存的石刻。特别是清代金石学大兴之后，访碑成为学者的乐趣所在，作为礼物的拓本也成为士大夫文化网络伸展的重要中介。著名金石学家吴大澂出任陕甘学政后，陈介祺、潘祖荫等纷纷致信，求取广武将军碑、仙人唐公房碑、沙南侯获碑等西北名碑的拓本，其中沙南侯获碑由于道光时才在新疆巴里坤县发现，拓片罕闻，吴大澂转托正在收复新疆途中的左宗棠代为罗致（参读白谦慎《吴大澂和他的拓工》）。尽管不少金石学家已有亲身踏查古迹的自觉，但囿于条件，当时学者访碑，往往不能亲赴现场，或派遣拓工前往捶拓，或辗转罗致拓本。如吴大澂在关中访碑时所雇者名张茂功，即出身一著名的拓工世家，技艺传承至今（陶喻之《一段由吴大澂访碑而绵延至今的金石学因缘》，收入《吴湖帆的手与眼》）。

或可以说尽管清代金石学研究成绩卓著，但仍不脱扶手椅上学问的本色。一般人多将金石学比附为考古学的“前身”，我对此常有怀疑，现代考古学完全是一门从西方舶来的学问，并不特别看重有文字的遗物，现在学术中真正承续传统金石学余脉的大约仍属出土文献的研究。或由于这一隐而不彰的分歧，目前在现代考古学观念下生发出文物保护体系所看重的古城址、古建筑、石窟等，并不居于古人“访古”的中心。正因如此，1930 年代梁思成夫妇在华北大地进行古建筑调查时，曾感慨“当地人对建筑多半不大感兴趣，当我说我对文物感兴趣时，他们就会带我去看古代的石碑”（费慰梅《中国建筑之魂》）。

二、“天下之中”的新与旧

因此，当 2017 年暑期，我们一行十人集合在郑州，展开行程的时候，对于考察路上能收获什么，至少于我而言是心中没底的。尽管在此之前，我也会利用各种会议及旅行的机会，有意识地参观各类文物保护单位，但不过是私人的偏好。当我们将不同学科的青年学者聚集起来，开始谋划行程的时候，如何来定义考察。至少在我看来，作为“非专业”的专业研究者，如何在考察中提出并思考有效的问题，历史学者偶尔离开板凳、离开了自己熟悉的文献工作之后能收获什么，便成为隐含于行程背后的问题。当然如果用一个稍显空洞的字眼来描述，大约是希望能在文献之外，获得历史的现场感，但现场感如何落实，是我在考察过程中常萦绕在心头的疑问。

河南无疑自古以来便是中华文化的腹心所在，但我们行程的起点郑州却是一座近代之后才因铁路而兴起的城市，并在新中国成立后取代了两座著名的古都洛阳、开封，成为河南省的省会。郑州的地标性建筑是二七纪念塔，一出火车站便可以看到。纪念塔是为了纪念 1923 年京汉铁路大罢工而建造的，据说是采取了仿古联体双塔的独特形式，但坦白地说并不好看，有点非中非西，但这座位于城市中心的高塔除了纪念革命的光荣之外，也提醒我们郑州这座城市与铁路的关系。十年前第一次来郑州，这座塔给我的印象颇深。现在一方面因为高铁站的兴建，旧站已经不是到访的第一选择，再加上地铁的修建，一下火车便钻入地下，高塔已不再有那么强的宰制访客视觉的作用。出行前才留意到，尽管此塔建于 1971 年，但在 2006 年便被列为全国重点文物保护单位，即使在革命遗迹中也是非常突兀的存在。郑州城内唯一的古代遗迹，大约是商城遗址，十年前去看过一次，对于外行而言，看不出什么门道。因为郑州商城的发现，20 世纪九十年代在郑州有关方面的推动下，于公认的七大古都之外，将郑州列为第八大古都，引起了不少非议。或许在河南这个地方，再新的城市都要想办法给自己涂抹上一点古老的色彩。

真正的行程是从第二天开始的，由于同行中不少人并不是第一次来到河南，因此我们在规划行程的时候，大约考虑两点，一是发挥自驾的优势，尽可能地将散布在公共交通不方便到达郊区的点包含在内，二是经耿朔兄事前与当地文保部门的联络沟通，得到不少帮助，因此得以将一些日常不向公众开放的文保单位囊括其中。至于考察点的选择，主要则依据各批次国家重点文物保护单位名录。我上课常戏言，“国保单位名录是中国最佳的人文旅游指南”，平时也是我自己出行的主要参考。因此，和 20 世纪初国内外学者在中国腹地的考察相比，不得不说既往的考察带有真正的调查、发现古迹并确认其年代、价值的目的，而我们的考察不过是在一份经专业学者筛选分级后形成的名单中选择一些感兴趣的点来参观，坦白地说是有“察”而无“考”。

由于经常浏览这份名单，我曾有一个直觉，1961 年第一批公布的全国重点文物保护单位名单不过 180 项，占据其中最大桩是古建筑及历史纪念建筑物 77 项，这一名单的确定很大程度上和梁思成及营造学社在民国时代所做的调查研究有关。由于太室阙、少室阙、启母阙保存了早已不存的汉代建筑的遗意，得以被列在这一类的前三名，成为我们第一天考察的重点。由此我联想到的另一点是，去年上半年在北大访学时，曾有机会列席刘未兄组织的“《白沙宋墓》六十年”沙龙，对于宋史和考古我是双重的外行，不过当时王子奇兄发言论及《白沙宋墓》独特编纂体例的渊源，让我颇有印象。宿白先生编写的《白沙宋墓》是新中国最早出版的几种考古报告之一，报告以正文记录发掘的情况，注释则考证正文中提及的各项制度、名物的源流与作用，融对考古现象的客观记录与作者的研究心得于一书，历来广受赞誉（参读徐苹芳《重读〈白沙宋墓〉》，《文物》2002年第8期）。王子奇兄认为宿先生在《白沙宋墓》中的做法，很可能是受营造学社的影响（近读罗炤《痛悼恩师宿白》一文，也谈及宿先生的学术与营造学社的承续关系）。新中国成立之后由于学科的划分，古建筑研究大体被划入理工院校的建筑系内，与考古学分家。梁思成的故事虽因媒体的渲染早成都市传奇，但他对早期中国考古的影响，似仍有进一步梳理的余地。

汉三阙本身的形制、图案及铭文，自明清以来讨论很多，非我所能置喙。通过实地观察，让我感兴趣的是太室阙与中岳庙之间的空间关系。尽管中岳庙号称始建于秦，汉人称太室、嵩高，但历代皆有兴毁，目前的建筑格局是清代重修后的结果。太室阙位于清代中岳庙中轴线南513米处，现中岳庙门外仍有两个汉代翁仲。尽管存世汉阙有数十座，在蜀中尤多，但大都为墓阙，汉三阙是仅见的庙阙，不过其高度大小与墓阙相类。如果想象一下当时的空间环境，较之于墓阙，庙阙对应的是更高大宏伟的地面建筑。而且在太室阙建造的东汉安帝元初五年（118），太室山庙已存在，建筑与阙之间的关系如何，值得玩味。距离太室阙不远的启母阙，本建于汉代启母庙前，至今山上仍能看到启母石。启母大约只能被归为地方上的普通祠祀，汉成帝建始元年（前32）整备礼制，始祀南郊，同时也将武帝时所祀的夏后启母石踢出了国家奉祀的名单，因此启母与一直享有国家祭祀的中岳地位悬隔。但启母阙与太室阙大小相差无几，建造的时间相近，阙铭中提及的人物同不过是地方官民，因此两阙兴造的背景及性质仍值得思考。

我们前两天的考察，主要围绕着嵩山周边展开。一般人提到嵩山，第一个反应当然是少林寺，借助金庸小说和电影少林寺的巨大影响，已改变了人们对嵩山的人文想象。但就文物而言，少林寺的意义有限，至2011年才被列入第七批国保名单。此行匆匆一览，除了碑廊中尚有不少唐碑外，可看之处不多，包括嵩山本身也没有太多的古迹遗存。少林寺景区内真正有价值的是初祖庵与塔林，可惜赶到时初祖庵已闭门谢客，只能借无人机略窥究竟。少林寺景区中，最吸引眼球的是各式各样的武校，中心操场的比武较量终日喧嚣不断。观察了一下招生广告，留意到武校学员出路大约有几条，文艺团队的演员，每年春晚都有少林武校的学员参与，转入专业运动队，参军或加入各种保安公司。这两年关于中国传统武术在搏击中的实用性，在网上饱受争议，但丝毫不影响此处的热闹。少林武术尽管不能说毫无历史依据，但近几十年来周边兴起的武校热，无疑是传统发明的产物，满眼所及各种从武校出身成功者的事迹，更多体现的恐怕是农家贫寒子弟尝试摆脱原有社会身份的一条窄路。

在嵩山周边的两天，引起我注意的是嵩山周边人文景观的空间关系。河南虽因处于天下之中，受益于各文化早期的交流碰撞，得以率先完成政治体的发育，成为中国文化的起源与中心，但辐辏中原的地理位置，同样使其历代饱受兵燹之祸。因此，我们看到的遗迹很多并不是那么的“古”，而且是孤立存在的某一片段，最常见的现象是古塔新庙。因此，目前所见在同一或相邻空间中形成的景观，在时间上往往是交错的。嵩山周边因历代古迹层累的丰厚，这种情况尤为突出，如清中岳庙中有宋代的铁人，嵩阳书院中有汉代的古柏，之前提及的太室阙与清代中岳庙的关系也是一个例子。我们两天的考察，根据所见文物的年代先后，计有汉三阙、北魏嵩岳寺塔、唐永泰寺塔、法王寺塔、嵩阳观纪圣德感应颂碑、始建于宋的嵩阳书院（内部主体建筑应该是清代以后的）、元会善寺、清中岳庙等。据说嵩山在第一次申遗失败，请教专家之后，打包了嵩山周边的历史遗迹，改以“天下之中”为名一举申报成功。这一命名虽然乍看有些让人摸不着头脑，但确实抓住了嵩山周边历史遗迹的核心。与泰山一样，嵩山的气象并非来自于绝对的海拔高度，而是得益于突起平原之上的巍峨，又恰好地处帝国的腹心，因此历代受到崇祀，也在周边形成了叠压的丰富人文景观。

如果从直观的印象来说，汉三阙一方面因体量较小成为孤立的历史片断，另一方面，自民国以来陆续加盖房屋予以保护，使其已经失去了作为历史遗迹的现场感。虽然慕名已久，感受反而不太深刻。我个人印象较深的是嵩岳寺塔、法王寺塔、永泰寺塔这几座风格各异的中古佛塔。其中最有名的是北魏嵩岳寺塔这座十五层密檐式佛塔，因其建立年代之早，在风格上又保留了早期受印度佛教影响的痕迹而闻名遐迩。从视觉上最有冲击力的则是法王寺塔，劲秀挺拔，又据地利，与背后的嵩山群峰相掩映，令人顿生虔敬之感。尽管年代略有先后，但这几座寺院基本上是始建或兴盛于北魏，至唐仍能维持甚至扩大，但到了宋元以后，则渐次衰落。会善寺便是一个典型，寺院的历史虽能追溯到北魏，本为孝文帝离宫。但目前所见格局是元代以后奠定的，大殿系元构，寺内仍有唐碑保存，但总体规模有限。该寺最重要的遗存是西侧山坡上的净藏禅师塔，是现存唯一唐代八角仿木结构砖塔，而著名僧人一行所建戒坛的遗址也在西侧山坡，可知唐代会善寺的规模远大于今。可惜净藏禅师塔现属于军事管制区内，无缘得见，甚至嵩山申遗的名录也未能将其列入，使会善寺这一时间上连续的历史遗存遭人为分割，不免让人感到遗憾。

这一系列从北朝至唐渐次在嵩山周围生成的景观无疑是佛教征服中国过程的直观体现，同样也改写并遮掩早先汉代以各类祠祀为中心构筑的人文样貌，不仅是中国文化之一大变，甚至也成为后来人们所熟悉的古代中国的标准形象。我们看的这几座塔在20世纪初学者的考察记录中多有照片留存，周边的景象都相当败落，现在永泰寺、法王寺的建筑都是八十年代以后新修的，属于比我更年轻的古迹，有关部门颇费苦心地将作为文保单位的塔划在新建寺院之外，在旅游开发与文物保护之间达成巧妙的平衡。

三、洛阳的明与暗

这次考察的顺利展开很大程度上得益于自驾，特别是对于不会开车的我来说是一大福音，得以访问不少慕名已久，但无力到达的地方，范兆飞、胡鸿、孙正军三位老司机则分外辛苦。现代交通工具的使用，虽使散布的遗迹变得朝夕可达，整个考察行程因此紧凑而高效，但“效率”本身就是伴随着现代社会而被放大的概念，这种便捷某种意义上也使学者失去了对历史的现场感。近些日子一直在读罗新《从大都到上都》，罗老师选择用脚来丈量元代两都间的辇路，我想他的目的恐怕并不在于看到多少遗迹，而是为了抓住历史的现场感。其实书中描写最多的反倒是现代文明，特别是近几十年来的发展对于既往地貌、景观乃至道路的改变，这种改变在河南考察的行程中同样也一直伴随我们左右。

洛阳，对于任何一个研究中国古代文史的人而言都是充满着光辉的名字，但事实上，洛阳的今天远不及昨日光鲜。伊东忠太1902年抵达洛阳考察的时候，曾感慨道：“来到河南府，发现城邑规模却是如此之小，谈何堂堂洛阳，实在是出人意料。洛阳城邑其小如斯，想来城中人口也就不过25000人许。”（伊东忠太《中国纪行》）1921年常盘大定途经洛阳，本意想顺道搜访古籍，没想到城区内竟没有旧书店，感慨“曾几何时洛阳纸贵，现在不过是空有其名”。（常盘大定《中国佛教史迹》）我2007年第一次到洛阳的时候，同样也有些失望，当时南面的新城还未兴建，整个旧城区面貌陈旧，距离对古都的想象颇有距离。其实也不难理解，目前的洛阳城区，是以明清河南府为基础扩展开来的，我所见的并非隋唐的洛阳，城内最重要的古迹如泽潞会馆、周公庙、山陕会馆无不暗示了这一点。不仅是城市格局，同样包括人口结构，洛阳旧城中心设有瀍河回族区，城中常见的小吃如羊肉汤、牛肉汤，都有回民的特色，这种古今的巨大变化无疑与洛阳居天下之中的位置有关。

在1949年后，很长时间内洛阳被定位为一座工业城市。当时考虑到保护文物，在兴建工厂时，选址向城西发展，形成了以重工业为特色的涧西区，其中最重要的是第一拖拉机制造厂，是著名的156工程中的一项，请注意厂名前没有冠上洛阳两字。在城市向西拓展过程中，配合进行了一系列考古发掘，1959年出版了奠定汉墓分期分型研究基础的重要考古报告《洛阳中州路》，而中州路就是现在连接洛阳旧城与涧西区的主干道。十年前，第一次来洛阳时，坐车偶然经过涧西，看到一大片外墙统一施以红砖的苏式厂区，给人很强的视觉冲击。因此，听说洛阳市文物考古研究院的李继鹏兄曾做过涧西工业遗产的保护规划，临时起意，麻烦他傍晚带我们去参观。

十年之后有机会细看，与记忆中的印象相比发生了很大的变化，大量的房屋已被拆除或翻新，完整保存下来的只有一拖大门周边及对面的工人新村。一拖据说是完全按照当时苏联最大拖拉机厂的图纸原样建造的，厂门气派非凡。可惜外立面的红砖已换过，新砖色彩过于鲜亮，失去了社会主义美学那种整齐而肃杀的效果。新村的布局很容易让人想起上海的曹杨新村。焦裕禄曾在此工作过一段时间，因而建有塑像纪念。坦率地说，与厂房不同，这类当时堪称典范的社区，随着时代的进步，已不再宜居，但作为共和国记忆的一部分，如何在改善居民的生活环境与保存历史风貌之间找到平衡，依然是一个难题。2017 年上半年我客居北京期间，耿朔兄带我去看了福绥境大楼，大跃进时期建造的三座共产主义大楼之一，是当时少见带电梯的高层民居，主要的特点是各家没有厨房，并附设有幼儿园，本意是依靠公共食堂，以至于后来居民都在楼道中生火烧饭。因为设计的缺陷，在短暂的光鲜之后，现在大楼内的脏乱与破败，远超过一般的工人新村，为人所知更多的是因为这幢楼是远眺妙应寺白塔的最佳位置。《南方周末》也曾对这几幢楼做过报道，或许因此，楼内的居民对外来访客颇怀警惕，显得相当不友好。我想这几幢楼或许很快就会面临拆迁的命运，居住于此的居民应该会很欢迎这样的改善，但是保存特殊时代记忆的建筑如果能用另一种方式妥善地保留下来，会有特别的意义。

其实除了城南的龙门之外，我们在洛阳城内看不到太多古都的影子。2007 年来洛阳的时候，因为城南还未开发，去龙门要坐蛮久的公共汽车，还有些许去郊外的感觉。现在随着高铁的设站，城市的南拓，龙门已被包裹进了城区的范围，这种距离感消失了。但对于 20 世纪初的考察者而言，龙门并不属于洛阳城。弗利尔 1910 年考察龙门石窟时，是坐着轿子，由轿夫抬着去龙门的，由于龙门附近盘踞着盗匪，还有六名持枪士兵提供贴身保护。他们先是坐平底船渡过洛水，中午抵达关林，用餐休整后，至傍晚才抵达龙门，走了整整一天（弗利尔《佛光无尽：弗利尔一九一〇年龙门纪行》）。常盘大定同样提及龙门是有名的危险区域，香山寺一带常有土匪出没，早就禁止常人居住。常盘大定选择步行前往龙门，并冒险住了一晚。但对于现代人来说，这种距离感被压缩了，龙门变成了一个精致而洁净的景点，在中国这样景点最吸引游客的头衔叫作“世界文化遗产”，但同时龙门也已和一般洛阳人的生活无关了。

四、北邙山下尘

洛阳和我自己研究最相关的地方是北邙，邙山是北朝隋唐时代达官显贵、世家大族最重要的葬地。唐人司马贞《史记索隐》云：“（吕）不韦饮鸩死，其宾客数千人窃共葬于洛阳北芒山。”如果确有其事，吕不韦大概是第一位葬在邙山的名人，不过在我想来司马贞的注释更可能是因当时人观念而产生的附会。唐人王建《北邙行》中就曾描述过山麓上坟冢层层相因的异象：“今人还葬古人坟，今坟古坟无定主。洛阳城里千万人，终为北邙山下尘。”究其诗意其实与李白的“今人不见古时月，今月曾经照古人”有相近的一面，不过因其直面死亡的冷静，注定无缘脍炙人口。

20世纪初，修建中的陇海线穿过邙山一带，加之军阀混战、政治紊乱，大量墓葬随之被盗掘，流散出的北魏隋唐墓志在千方以上。当时最重要的两个收集者，一位是著名的书法家于右任，所藏以北魏墓志为主，其中包含七对夫妇墓志，故自号鸳鸯七志斋。于右任的收藏，后来归入西安碑林。另一位则是出自洛阳旁边新安县的张钫。张钫的生平不但传奇而且运气甚佳，早年在新军服役的张钫与陕、豫两省的会党往来密切，因参与策动西安光复，成为辛亥元勋，后来一直是陕西、河南一带的地方实力派。张钫曾任二十路军总指挥，驻军洛阳时，以保存乡邦文物为念，大力收购流散的唐代墓志。运回老家新安县铁门镇后，将志石嵌于私家花园的四壁，后来在此基础上建起了千唐志斋博物馆。我 2007 年第一次来洛阳时，因研究的关系，特别在网上查了线路，辗转搭长途车去参观。尽管千唐志斋是国内仅次于西安碑林的石刻博物馆，但游人罕至，相当萧条。建筑紧贴着陇海线，一有火车开过，在馆内立刻能感到明显的震动。讲到张钫运气好，虽是一句戏言，但翻查其履历，不难注意到他在每一个关口都能逢凶化吉。张钫 1949 年 12 月才在四川郫县参加起义，投入人民的怀抱，但因此成为全国政协委员，据说毛泽东曾称赞他是中原老军事家。1966 年 5 月 25 日去世，不但得享高龄，更免去之后的动乱可能带来的无尽羞辱。

如果说 20 世纪初政局的动荡导致了洛阳周边盗墓的猖獗，大量文物因之流失海外。那么更令人感到痛心的是，近二十年来受经济利益的驱使，洛阳至西安一线再次出现了盗掘的浪潮，规模之大、范围之广，更过以往。就我较熟悉的石刻方面而言，洛阳本地学者赵君平对流散的墓志拓本收罗甚勤，先后在 2004 年出版《邙洛碑志三百种》、2007 年出版《河洛墓刻拾零》、2011 年出版《秦晋豫新出墓志蒐佚》、2015 年出版《秦晋豫新出墓志蒐佚续编》四种大型图录，合计 12 巨册。初步估算仅赵君平一人刊布者便达 3000 方之多，已近千唐志斋规模的三倍，其中又以洛阳所出者占据了大宗。不免让人哀叹隐匿其后的盗墓活动之猖獗，文物流失规模之巨。而且盗掘的范围也远不止在北邙一线，龙门、万安山、首阳山及周边的三门峡、巩义、荥阳等地皆被裹及，洛阳事实上也成为周边地区乃至陕西、山西等地被盗出土墓志流散中转的中心。

这种局面的造成，洛阳当地的相关部门恐难辞其咎，坐车在洛阳街头，抬头经常能看到古玩城的店招，出现频率之高超过了一般城市。2011年因开会，第二次来洛阳，当地的友人曾带我去过一个古玩城，除了售卖拓本之外，有些墓志的原石也公然摆放在店堂内当场摹拓。虽说有心理准备，但还是大吃一惊，不免心生喟叹，文献中无数次读到过的北邙恐怕已经被搬进了古玩店。客观而言，其他一些古城，如西安也有相当严重的盗掘，但似乎很少有这样公开贩售的景象。十余年来民间兴起的收藏热，各种鉴宝类节目的推波助澜，长远来看对文物的破坏恐怕远大于保护。事实上，经过新中国成立前后及“文革”的冲击，私人藏家手中的重要文物大都已归入公藏。眼下再谈文物收藏，除了有限的海外回流之外，途径恐怕不出盗掘与造假两途。对于学者而言，面对大量来源不明的出土文物，是否要展开研究，如何在研究中保持道德操守，已成为了越来越棘手的伦理问题。此次来洛阳，才算是第一次真正有机会接近邙山，墓志中所描摹的风水宝地，谈不上高大，现代文明的脚步也在很大程度上破坏了原有的地貌，根据学者近年的调查，以往发现邙山一线有古墓冢972座，除了少量经过发掘的，现存的不过339座，约600座封土已被夷平（《洛阳邙山陵墓群的文物普查》，《文物》2007年第10期），常盘大定曾从洛阳一步步走到邙山，“脚下虽踏丘陵却不觉”，因此驱车经过时更感受不到“翻越”的感觉。文献是能激发人想象的，但来到现场的时候未必如期待的那样填满你的遐想，而是冰冷地打碎它。

此次洛阳访古中意外的收获是在洛阳市文物考古研究院王咸秋、李继鹏两位的引导下，勘察了东汉帝陵与两座近年发现的曹魏大墓，即曹休墓及推测是高平陵的西朱村曹魏大墓。尤其是关于东汉帝陵的调查，我过去几无所知，在中国几个长期统一的王朝中，东汉帝陵或许是资料最少，存在感最低的。近年借着连霍高速改扩建的机会，洛阳市文物考古研究院对邙山一带的陵墓群做了大量的调查与发掘工作，曹休墓便是在这一过程中发现的。其中通过对孟津县内邙山六座独立大冢的勘探，并对朱仓大冢的陵园建筑进行了调查，探明其中五座为特大型带斜坡甲字型的墓葬，与记载中分布在汉魏洛阳城西北的东汉五陵，光武帝原陵、安帝恭陵、顺帝宪陵、冲帝怀陵和灵帝文陵相符合。另一座勘探后，确认系明券双横室墓，规格略低，但由于仍在帝陵区内，考古人员怀疑是某位少帝的陵墓。最有意思的是，位于孟津白鹤镇现已被开发成旅游景点、民间俗称刘秀坟的封土堆，经勘探后，发现连坟冢都不是，也有考古学者怀疑此地或是北魏方泽坛的遗迹，宋以后才被附会为光武陵，这些发现有力廓清了之前关于东汉帝陵分布的种种推测。

跟随王咸秋、李继鹏两位一路驱车，奔走在邙山山麓大半天，马上就能理解为何东汉帝陵迷雾重重，之前历代学者对帝陵的推测只能依据地面上留存封土的大小及位置关系，直到现代封土最高大的、民间俗称大汉冢，一般认为就是光武帝的原陵。但由于岁月的侵蚀，地貌的改变，这种推测的可靠性自然要打上一些折扣。登上大汉冢的封土，即使考虑到历代破坏的影响，也很难称得上高大。由于现在的封土上已覆盖植被，看不到什么，但通过无人机航拍，立刻能清晰地看到封土层层夯打的痕迹，可谓意外之喜。我之前曾先后参观过满城汉墓，徐州狮子山、龟山，盱眙大云山等几座西汉诸侯王大墓，其坟墓营建工程之浩大，令人叹为观止。可以说一旦步入这些大墓的墓道，立刻就会明白史书中“汉天子即位一年而为陵，天下贡赋三分之，一供宗庙，一供宾客，一充山陵”的记载并非虚语。西汉的帝陵虽未曾正式发掘过，但从阳陵陪葬坑的规模来看，不难想见其规模。相较之下，东汉帝陵则显得寒酸，两汉之间葬制的变化是一个值得思考的问题。

五、地下的洛阳

真正的古都洛阳是被掩埋在地下的，而且被掩埋在地下的有两个洛阳。现今洛阳城内名义上最古老的遗迹是白马寺。传说中汉明帝时因白马驮经东来而建寺，是文献所记中国最早的寺院，可惜目前寺内的建筑主体是明清甚至晚近修建的。现在白马寺中最珍贵的文物是元代的夹纻罗汉雕塑，但这批罗汉并非白马寺的原物，本属故宫慈宁宫大佛堂，1972 年因西哈努克亲王计划来白马寺参观，特地从故宫调至洛阳，后被留驻于此，其归属成为一桩聚讼多时的公案。如今的白马寺是位于洛阳东郊的景点，但汉代则属城西，原因在于现代洛阳城区叠压在隋唐洛阳之上，隋以后被废弃的汉魏洛阳故城居于其东北，白马寺则位于两者之间，成为探访汉魏洛阳城的重要路标。2007 年来洛阳时，曾在白马寺旁搭当地的农用车想去看一眼汉魏洛阳故城，但只远远眺望到阊阖门遗址考古发掘工作的大幅标语，农用车便反悔，不愿意继续往前开，悻悻而归。十年之后，终于有机会进入城内。

新中国成立之初，由于各地考古力量的不足，最重要的都城遗址都由中国科学院考古所派出工作队长驻当地，展开调查发掘工作，这一体制保留至今。考古所洛阳工作站隐于市中心的周公路上，雅致的仿古小楼出自梁思成的设计，是目前各外派机构中规模最大的，辖有二里头、偃师商城、汉魏洛阳故城、隋唐洛阳城四支考古队。作为遗址而言，汉魏洛阳故城多少是幸运的。1954 年，阎文儒等对汉魏洛阳故城进行了调查，撰写了著名《洛阳汉魏隋唐城址勘查记》，发表了第一张汉魏洛阳城的实地测量图，此图直到现在仍被学者广为引用。因此，汉魏洛阳故城得以在 1961 年被列入首批全国重点文物保护单位，自 1962 年开始中国科学院考古研究所便在此进行长期的勘探和发掘，距今已有半个多世纪。由于遗址僻处郊外，地面上没有太多的现代建筑，又较早被列为文保单位，尽管也有东汉灵台遗址因村民长期取土而遭破坏的案例，但总体而言具备从容发掘与研究的条件。不像现在一般的考古工作，多属配合基建或发现被盗之后的抢救性发掘，要么工期紧迫，要么亡羊补牢，把考古队变成了消防队。

我之前就知道考古学内部，认为最有难度与价值的工作是城市考古，而因能发现珍贵文物或出土文献而为历史学者及媒体公众所关注的“挖墓”，在专业考古学者看来，技术含量并不算高，直到这次有机会近距离观察汉魏洛阳故城的考古工作，对此才有切身的体会。十余年来，洛阳汉魏洛阳故城考古队系统发掘了从阊阖门到太极殿（含东西两侧）一线的宫殿遗址，提供的很多新知足以改写之前学界的通行看法。汉魏洛阳故城，主要使用的朝代包括了东汉、曹魏、西晋、北魏四朝，这一时期恰好是中国都城规划从“多宫制”向“一宫制”转变的关键时期，但对于这一转变的时间点，文献记载不但寡少而且多有分歧。由于十六国时期北方战乱与破坏，既往从文献出发的研究，更多地关注孝文帝迁都洛阳后营建工作的意义及对隋唐两京规划的影响，如陈寅恪先生在《隋唐制度渊源略论稿》中通过一系列繁复的考证，试图将北魏洛阳的规划设计与河西姑臧、平城、建康等城相联系，溯其渊源。但经考古学者对太极殿复杂地层关系的解剖，在目前确认的三个地层中，可以明确北魏太极殿基本承曹魏太极殿而来，而北周统一北方后，宣帝一度有意迁都洛阳，此事虽在《周书》中有简短记载，但之前学者措意无多，但北周时期对太极殿的改造在考古遗迹上则有充分体现。因此，我们现在可以明确汉魏洛阳故城从“多宫制”向“一宫制”转变是在曹魏时，北魏孝文帝迁都后对宫城的营建更多的是因袭而非新造。某种意义上而言，这一发现无论是对陈寅恪先生主张的北魏洛阳规划受河西姑臧的影响，还是对包括宿白先生在内的学者先前认为的受平城旧都的影响，都构成了很大的挑战。

十年前在写博士论文时候，因考证高平陵之变时的行动路线，第一次留意到“多宫制”与“一宫制”之间的争论，但当时对考古进展了解无多，仅为了行文方便选择相信了“一宫制”说，孰料歪打正着。较晚才读到主持发掘的钱国祥老师《由阊阖门谈汉魏洛阳城宫城形制》一文，文中谈及在阊阖门东侧有一组大型的夯土建筑，可以形成轴线，而之前在配合基本建设中发现一条汉代的大道直通宫城，正对所推测东侧轴线，钱老师推断司马门应位于东侧的轴线上。作为只在文献中模拟过高平陵之变的纸上谈兵者，倒是希望将来有一天能有机会体验一下从司马门步入宫城的感觉。

汉魏洛阳故城的遗址被陇海线所分割，在铁路的另一侧是著名的北魏永宁寺遗址。在高铁时代到来前，上海到洛阳仅有一班过夜的 K 字头车较为方便，第二次早上到达洛阳前，在车窗一侧就能看到永宁寺的塔基，这次近观反倒不如火车上的一晃而过来得有感觉。平日读史时多少有意回避代入自己的感情，但《洛阳伽蓝记》中描述永宁寺的一段，先是极尽铺陈了永宁寺塔的壮阔瑰丽，“九层浮图一所，架木为之，举高九十丈，上有金刹，复高十丈，合去地一千尺”，最后反衬出高塔遭火焚毁悲剧性的场景，“火初从第八级中平旦大发，当时雷雨晦冥，杂下霰雪，百姓道俗，咸来观火。悲哀之声，振动京邑。时有三比丘，赴火而死。火经三月不灭。有火入地寻柱，周年犹有烟气”，仍是印象中在北朝史籍中读到过最动人心魄的文字，为之叹息者再三。先经历了河阴的屠戮，再看到永宁寺塔上燃起的大火，不难想象当时洛阳城中僧俗吏民的绝望。孝文帝苦心缔造那个理想中融合胡汉的社会，不过四十年，便告分崩离析。目前对永宁寺塔塔基发掘及复原研究的结果证明《洛阳伽蓝记》中“千尺之塔”的记载有相当的夸张成分，这一戏剧性的叙事影射的或许正是巍巍高塔与北魏国运之间的关联。

在洛阳，和各位考古的师友交谈，经常听到的一句戏言是“考古是社会主义经济建设的拦路虎与绊脚石”，对于洛阳这样一个历史遗存丰厚的地方而言，发展与保护之间的矛盾难以避免。20世纪八十年代洛阳首阳山电厂选址三迁便是一个典型案例，电厂最初选址邻近汉魏洛阳故城，考古队对此颇有意见，后来果然在勘探中发现汉魏洛阳故城的外郭城，电厂选址东移。但在对第二处选址进行前期考古调查时，又发现了偃师商城，选址再次改动。不巧的是新的选址上，再次发现大批唐代墓葬，这就是著名的偃师杏园唐墓，直到考古发掘完成之后，电厂才最终得以建成。这固然是一段佳话，但某种意义上而言，或许只有政府投资的项目才经得起如此折腾。客观而言，现行文物法的规定也有不尽合理之处，如施工时发现遗址，停工发掘的费用由施工方承担，惩罚力度又很有限，很难有效遏制基础建设过程中对古迹的破坏。我在聊天时一再感慨，经历了近年来洛阳周边的盗墓浪潮，恐怕将来我们不会再有机会像杏园唐墓那样，发现一处基本没有被盗掘过的大型墓地，历史的厚重在现实的冰冷面前，显得如此无力。

“走进”与“走出”博士论文

一晃完成博士论文的写作已经十年过去了，其中的很多细节未必还能完全记起，更何况以历史作为糊口职业的我，从来都笃信回忆本身就是筛选与重构自身历史的一种手段，对此抱有天然的警惕。另一方面，我近十年学术工作的一个重要目标就是走出博士论文，当然更没有觉得自己已经老到可以谈一点“人生的经验”，而且作为古代史研究者，治学中多是与故纸堆打交道，整个过程毫无波澜，不如社会科学的同仁，研究的题目多与现实有关，也有田野的经历，有故事可讲。因此当王雨磊兄约我谈一下博士论文写作过程中的经历与思考时，尽管之前我已读过多位学者的同题作文，觉得是一个很有创意的设想。但基于以上原因，我几乎是在应允了这一任务的同时便觉得有些“后悔”，于是一再拖延交稿的时间。最终还是勉力写完本文，其中说服自己的理由便是我经常阅读前辈或同辈学人的自述，从中获得过不少启发，或者说至少通过读这些文字，在学术道路的跋涉中感受些许“吾道不孤”。既然自己喜欢读，似乎不应该拒绝写，或因此仍有义务将自己个人化且“乏味”的经历略作记录。

一、被“缩短”的学术准备期

直到现在，我每次在填写简历的时候，对如何表述我从本科到博士的求学经历，仍不时感到犯难。我从2000年进入复旦大学历史系学习到2008年获得博士学位，在八年中完成了从本科到博士阶段的学习，较之正常学制缩短了两年。当然这种缩短，更多的不是因为我学业的优秀，而是在一系列制度调整的过程中，成为了“试验品”。众所周知，1990年之后的十年，大约是整个中国人文学科最不景气的一段时间，这种不景气落实到高等教育层面的一个集中表现就是文史哲纷纷成为各大学录取分数线最低的专业，其中仅中文系由于就业面稍宽，情况略好，而且在不少年份中，仅有个别学生是第一志愿考入，绝大多数都是调剂而来。稍后，至九十年代中期，或许是为了回应社会舆论关于“没有培养出大师”的批评，不少大学纷纷开设了以培养文科尖子学生为目标的基地班或强化班，并同时配套了一系列优惠政策，鼓励有兴趣的学生深造，复旦自然也不例外。现在想来，我入学的时候，大约正好赶上不景气仍在持续，但已开始从谷底爬升的当口。当时，复旦鼓励有志于从事基础学科研究的学生继续攻读的主要优惠政策是提前一年攻读硕士（校内俗称3+3）。这一政策最初大概是为文科基地班所设计，但平行班的学生也能参加选拔，而且由于当时的不景气，竞争并不算特别激烈。我有幸通过这一选拔，从2003年开始，提前进入了硕士阶段学习，但是没有想到的是，到了研二那年，学校不知基于何种考虑，突然改变了政策，取消原来的本硕连读（3+3），改以硕博连读取而代之，而我恰好成为最后一批本硕连读和第一批硕博连读中的一员，于是自2005年开始攻读博士学位。

这种人为制度设计及意外所造成的学制“缩短”，在很长时间内都成为我不得不与之搏斗的对象。人文学科长期以来的传统是强调积累，“板凳要坐十年冷”这样的话自然是人人都被耳提面命过的。就历史学而言，主要是指通过大量而扎实的史料、文献阅读来奠定今后从事专业研究的基础。我也知道直到现在，系里还有不少教授明言不希望自己的学生硕博连读，跳过硕士论文写作这一重要的训练。对我来说，也很快意识到了这一不足。客观而言，当时的课程训练并不及现在规范，因此 2003 年当我开始念研究生的时候，事实上还没有写过一篇正规的论文，当然也谈不上经历过一个比较完整的学术训练过程。如果说还有长处的话，只能说是阅读面还比较广，对于当时流行的社会科学理论和史学著作都有些涉猎，但也谈不上专门的方向。通过直研面试，选定以魏晋南北朝隋唐史为方向之后，则系统地阅读陈寅恪、唐长孺等学者的主要著作，并在韩昇老师的建议下，以每日一卷的速度，通读了一遍《通鉴》，算是做了一些准备。

至于为什么会选择以魏晋隋唐史作为方向，除了个人的兴趣之外，另一个重要的原因是中古史的资料量比较适中，基本可以自己购置齐全，不需要特别仰赖图书馆和档案馆。我当时已有较为明确的自我认知，自己虽然对专业研究抱有兴趣，但远谈不上勤奋，特别是对披沙拣金的工作方式心怀抵触，即对抱着寻找某一类史料的目的，大规模地翻检方志、档案等原始文献的工作始终提不起兴趣，更愿意享受读书本身的乐趣，认为史料是读出来而非找出来的。加上之前在课堂上已听闻不少老师对图书馆、档案馆的种种控诉，尽管我当时对近代史也很有兴趣，甚至在念博士之后，阅读近代史学术论著的数量也不比自己的专业领域少，但一想到要处理庞大的资料，加上自觉没有在“非制度层面”与人打交道的天赋，便立刻断了从事中国史下半段研究的念想。

进入研究生阶段后，对自己之前所受训练的不足也有所觉察，较早就和韩昇老师商定了硕士的方向。根据自己当时的能力，我提出希望能做一个士族或藩镇的个案研究，主要是考虑到个案研究史料范围比较可控，便于初学入门，由于同一级的张达志在本科时就确定以藩镇为研究方向，韩老师建议我选一个士族个案，并提议可以尝试研究一下渤海高氏。以此为契机，我在研一比较系统地阅读了南北朝各史，尤其是北朝四史，并配合读了一些清人及近代学者的考证文字。之前读《通鉴》和这次读南北朝各史，不带有找题目或写论文的目的，对我而言是一段至今都感到怀念的从容读书的时光，虽然很难说有什么直接的收获，或许主要帮助自己建立了对这一时代的“现场感”。

二、选择挑战重要的问题

如果不是在研二的时候意外地被推入博士阶段学习，这种愉快而自由的读书生活，可能还能持续一段时间。作为一个之前没有受过本科论文和硕士论文训练的学生，进入了博士之后，选择什么样的题目来写出一本真正意义上的学术著作， 这个问题很快就摆在了眼前。特别是在魏晋南北朝史研究中，由于史料不足及前人研究积累丰厚，找不到题目早已是这个断代中常见的感慨，对于我来说困惑无疑会更多一些。由于在直博前韩老师已指示过，尽管制度上我不需要再写硕士论文，但还是要拿出一篇相当于硕士论文规模的文章给他看，所以我在 2005 年暑期，利用之前累积的资料，围绕渤海高氏写了 6 万多字。这篇文章，应该说韩老师和我自己都不太满意，现在回想起来主要的问题大约出在我之前已读过不少前人关于士族的研究，坦率地说对于既往研究的同质化，即用不同的材料证明类似的而且前辈学者早已论及的结论，感到不是很满足。轮到自己动手的时候，特别希望能和之前的研究有所区别，因此急于把之前读其他领域论著学到的一些分析概念，如“长时段”、“社会结构”、“层累造成的古史”等都塞进去，显得有些消化不良。

因此，在选择博士论文题目的时候，我个人其实已经对士族个案的研究意兴阑珊，而且从内心的想法而言，也早就认定个案研究是初学时候练手的，而博士论文应该选择一个更重要的题目来做。最初和韩老师商量的时候，我隐约感觉韩老师是希望我能把渤海高氏继续做下去，并不赞成另起炉灶。确实从之前的经历来看，由于我缺少完整的论文写作训练，做一个和硕士阶段具有延续性，至少保证能写出来的题目，是更稳妥的办法。不过我当时完全没有意识到这一问题，坚持要换一个题目，好在韩老师对于学生想做什么，素来比较宽容，也准许我自己去另找一个题目。

在短暂的硕士生涯中，我还尝试处理过另外几个议题，其中刚开始念硕士的第一学期，因为上课时大家重点讨论了黄永年等学者对陈寅恪“关陇集团”概念的批评与修正，这在20世纪八十年代以后引申出了一系列研究，颇具影响。我想到陈寅恪论著中经常与“关陇集团”对举的“山东旧族”、“山东豪杰”这些概念似乎没有人梳理过，于是在寒假中以此为题写了一篇作业，这也是我第一次尝试写学术论文，颇为投入，对我自己而言也算有意识地要弥补之前没有写过本科论文的缺憾。写完之后，韩老师比较满意，推荐给了《史林》，很快就在当年登出，对当时刚刚入门的我而言是一个不小的鼓舞。现在看来，这是一篇比较讨巧的文章，主要涉及概念的辨析，对具体史料讨论不多，正好契合我当时的能力。在尝到甜头之后，我想到如法炮制，围绕着陈寅恪在讨论魏晋政权更替时运用过的两个概念：汝颍集团与谯沛集团，又写了一篇文章。在写这篇文章的过程中，我开始意识到魏晋历史的复杂性，不是靠辨析概念就能解决的，特别是因为早先读过田余庆《东晋门阀政治》中对桓温、刘裕北伐与篡晋图谋关系的讨论，很快联想到司马氏代晋过程中经过祖孙三代四人，时间长达十六年，其中的曲折绝非陈寅恪认为的那样因“东汉儒家大族之潜势力极大”，夺取帝位轻而易举，值得做进一步考辨。于是两年后面临博士论文选题的时候，我想起之前的那篇旧稿，计划重新讨论一下从曹魏后期到西晋的政治结构转换。

从当时的考虑而言，大约想回应两个大的问题，一个是陈寅恪所主张的魏晋嬗代的实质是代表儒家大族的司马氏取代了法家寒族的曹氏，我因为之前做过初步工作，对此已抱有怀疑，希望能系统地重新加以检讨；二、尽管我对士族个案研究常做不出新意，感到失望，但对于士族形成及背后的社会结构变动这样的大问题，一直怀有兴趣，因此也想从政治史入手，尝试能不能进一步和背后的社会结构变迁联系起来。

应该说这个选题比较符合我个人对博士论文的期待，题目足够重要，材料却不那么多，容易把握，在时间上也比较从容，关键就看能否在前人已有大量研究的基础上翻出新意。那个时候刚读完何炳棣《读史阅世六十年》，对其中一段很有印象，大意是说何炳棣的学长林家翘告诫他，清华出身的人，“千万不要做第二等的题目”。我当时的状况是读书不少，可以说眼界已经有些高，好处是不愿意做平庸的研究，安安稳稳地求得毕业，缺点当然是比较浮躁，对于史料上下的功夫还不够，眼高于手。不过当时对此还没有太明确的意识，只是觉得何先生的这段话很贴合我的心气。尽管我个人对这个选题比较满意，但在开题的时候，还是受到比较多的质疑，老师们的批评主要集中在这样一个前人已做过很多的旧题目，我所提供的开题报告并不能说服大家，在多大程度上有把握推翻旧说。从现在回想起来，当时的选择无疑有鲁莽的成分，我虽然早就读过这一时期的基本史料，但这些材料此时在我脑海中还只是一个个“故事”而已，并未经过整合和梳理，因此在开题报告中，除了表达了对成说的批评之外，并没有提出太多自己成型的看法。记得我在开题报告中写过一段带有些许“理论色彩”的文字，大意是说我研究的目标是希望通过史实的重建，呈现出这段历史的复杂性，而不是为了提出一个与前人不同的结论，也有老师当场提出了异议。我当然能够理解老师们的苦心，不过这点后来成为我在论文写作中贯彻的重要基点，直到现在我都认为历史研究尤其是政治史研究，并不是为了求取一个颠覆性的结论，这种对于事件性质或原因的翻案式研究，不但容易陷入历史辉格解释的陷阱，而且在材料较少的中古史领域，实证层面上往往依赖于对一两条关键材料的重新解读，其可靠性是存在疑问的。通过强调对过程复杂性的观察，将历史人物假设为“雾中人”，或许更能规避“倒放电影”的危险。

不太顺利的开题对我来说是一个有力的警醒，在正式写作博士论文之前，我做了两项准备工作，都是围绕着写作展开的，一个是完善了司马氏篡魏过程研究的那篇旧稿，等于为博士论文写作进行了一次可行性实验。另一个则是将之前写的渤海高氏初稿中较有心得的关于世系辨伪的部分，单独抽了出来，并增补了唐代高姓墓志的材料后，形成一篇自己比较满意的论文。幸运的是，这两篇文章先后在我撰写博士论文期间被录用发表，前一篇发表于《复旦学报》，后一篇发表在《历史研究》上。特别要感谢《历史研究》编辑部的老师们及刊物坚持的匿名审稿机制，不仅是让一个无名小卒的文章能够有机会脱颖而出，更重要的是《历史研究》提供的审稿意见，是我当时收到过最详尽的反馈，并要求我提供一份修改说明，对外审的意见哪些接受，哪些不接受，逐条举出理由，这一往复的过程对我反思自己写作中的不足大有裨益。

这些准备工作对当时的我来说，更重要的意义可能在于通过两篇较长单篇论文的写作及反复修改，真正弥补了硕士论文训练的缺环。因此当2007年暑期正式开始写博士论文的时候，尽管起初仍心怀忐忑，因此选择较早动手，万一需要大的修改，也可留有余裕。但整个过程是比较顺利的，基本上以一个月写一章的速度，到08年初便已完成了初稿，利用寒假中仔细修改一遍，并写作了结论部分后便提交了预答辩。

如果要回顾博士论文写作过程中的得失，首先需要说明的是写作方法无疑是个人化的选择，并无法度可循，更无高下之别。我养成的习惯是在写作前仅给自己提供一个比较粗线条的想法，而在写作的过程中不断地重读史料、重新检讨前人的论著，进而细化、修正、有时候甚至反转之前那个粗线条的想法，这样做的好处是脑海中没有太强的成见，在不断辨析史料的过程中，从细节考证出发，汇聚为成型的文字。我在博士论文中提出的不少问题，如对高平陵之变过程的考证以及对邓艾、钟会二士争功的讨论，其实在写作前完全没有意识到，而是在写作的过程中偶然发现并扩展成论文中专门的章节。这种方法的缺点当然是比较随意，例如博士论文的第一章《汉魏时代的河内司马氏》本来在计划中只是一节，或许开始写的时候，有些担心篇幅不够，铺陈的比较多，于是被扩展成了一章。其实我开题时递交的题目是《西晋的政治权力与家族网络》，正是由于写作中的随性，把原定的第一章扩展为两章，导致写到司马炎去世时，整体篇幅已经足够，自己也感到有些疲倦，于是就干脆变换了一下题目，形成了现在的模样。

当然这种改变，也有一个客观原因。众所周知，博士论文虽然仍名为论文，实际上是在写作一本专著，对于一本史学专著而言，需要在时间上具有连续性或在议题上具有相关性，但中古史的困难之一便是或许还能找到不少足以写出精彩论文的空白点，但要找到在时间上具有连续性或者同一组有内在关联的议题，同时又是前人未充分讨论过的，进而形成一部专著，而非论文集，则相当不易。我当时对洛阳被攻破后，北方各个仍以晋为正统的小政权颇感兴趣，已搜集了一些材料，形成了一些想法。但问题在于从西晋前期过渡到西晋后期，无法绕过的重要事件是八王之乱，这一问题前人研究很多，我对此似乎也提不出什么新见，这也是最终放弃写下去的一个原因。希望以后还有机会围绕着这些问题，完成几篇论文，以弥补遗憾。

三、从“读者”到“作者”

回顾自己八年的求学生涯，整个经历并不具有典型性，但从自己学术起步期的经历来说，或许以下的思考尚具有一些普遍的意义。从我个人主观的感受而言，如果把这八年分为两个阶段，那么前四年比较愉快，后四年则愉快的感觉渐减，直到现在都是如此。这种愉快感觉减少的经验，或许是很多有志于从事学术研究的同仁在转型过程中都会遇见的，即如何从一个知识的消费者（读者）变为一个知识生产者（作者）的过程，同样至少在我看来这也是研究生训练的目的所在。

前四年的愉快，很大程度上是建立在自由阅读的基础上，充分满足了自己的求知欲及散漫的天性。回想起来，大约有两个场景，直到现在都让我怀念不已。一个是本科的时候，章清老师开设《史学导论》，主动要求所有同学至少在学期中抽出一个晚上到他办公室去聊天，他还建议每个学生都从他书柜借一本书，如果你愿意多去聊天或多去借书自然也是在欢迎的范围之内。加上后来他带我们班去贵州暑期实践，前后有不少联络与准备工作，因此大约在一年多的时间内，都有频繁的接触，私下里的各种漫谈，虽然不尽与学术有关，但对我后来选择学术道路有很深的影响。我们班后来成为前后几级中选择直研最多的一级，与此也有密切关系。另一个则是读研究生之后，每周韩老师课程结束后，大多数的时候会师生一起午餐，并去周边的书店逛一圈。在这个过程中，听韩老师谈各种学术掌故及评骘书店中陈列学术新著的优劣，自觉收获有时候要大于在课堂中。

但我后来才渐渐认识到广泛的阅读只能帮助你建立不错的学术品味，而不能让你自然而然地成为一名真正的学者，甚至有时候过高的品味对于一个学术成长期的研究生而言是“有害的”。因为当你尝试写作的时候，如果总是写不出达到自己期许的文章，难免会陷入自我怀疑及焦虑之中。打破这一怪圈的唯一办法，恐怕只有更多的阅读与写作的尝试，这一试炼的过程当然不会是令人愉快的。严耕望在《治史三书》中一段话对我很有触动，“写作事实上不但是为了向外发表，同时也是研究工作的最后阶段。常有人说某人学问极好，可惜不写作，事实上，此话大有问题。某人可能常识丰富，也有见解，但不写作为文，他的学问议论只停留在见解看法的阶段，不可能是有系统的真正成熟的知识”。尽管自己因为学制的关系，没有写过本科及硕士论文，但在读研究生之后，坚持在每个寒暑假都根据平时阅读的积累，写一篇论文或书评，最初是为了弥补训练的不足，后来渐渐成了一种习惯，这种持续的写作练习对我的学术成长有很大的帮助。这些习作后来经过修改补充大都也陆续得以发表，虽然现在看起来有些文字略显稚嫩，但在“独学而少友”的求学过程中不但是一种自我激励，同时也成为检验自身进步的标尺。事实上，在国内的学术环境中，适当的自我压力是完全有必要的。同时渐渐体悟的一个经验是，只有在写作中思考过的史料，才会成为你真正理解并能在研究中运用的史料，否则再多的阅读，建立的只是一种泛泛的印象而已。读书时候所谓的灵感只有通过写作的检验才能被证明到底只是“一种随意的猜测”还是能转化成真正有价值的论题。

但较广的阅读面依然令我受益良多，其实自己进入专业方向的学习时间较晚，特别在本科阶段基本上是无特定目的的泛读，真正意义上的论文写作练习更是要进入研究生阶段之后。在成为老师之后，我也经常指导本科生的科研计划，应该说现在本科生在规范化论文写作能力方面远远超过我同期达到的水平，甚至完成一个本科科研项目已成为直升研究生的基本要件，但我常常怀疑过早投入比较狭窄的专业方向学习，对于学生成长的利弊到底如何。虽然说通过广泛阅读建立的学术品味，确实会造成初学者在一段时间内的“眼高手低”，但眼界及自我期许同时也成为一种有效的自我审查机制。从我个人的经验而言，努力和别人写的不一样，不满足于规范化但重复性较强的研究套路，成为最初的期许，等到自己学术经历稍丰，尽量不重复之前自己做过的研究，则变成了进一步的自我设限。因此，在完成博士论文写作之后，如何走出博士论文，便成为一个自觉的目标。尽管根据坊间流行的说法，博士论文一般是一位学者最好的著作，但依照我的看法成为一位优秀学者的标准之一就是要在两个不同的研究方向中做出比较好的成绩。而留校之后因参与《旧唐书》、新旧《五代史》重新点校工作的机缘，一方面促使自己比原先预期更快地走出了博士论文，转入唐史研究，另一方面点校工作虽然不免枯燥，但无形间延长了自己的学术积累期。同样，转换研究方向之所以还算顺利，确实应该感谢自己长期以来的阅读习惯，在以魏晋南北史为主要方向的几年中，也没有偏废对唐史的关注。

现行的学术体制毫无疑问对把阅读作为一种爱好的研究者而言是有些冷酷的，它鼓励的是计件化的工作方式，这种工作方式天然地预设阅读是写作的准备，因此无论是读文献还是二手研究都变得带有很强的目的性与工具性。其实我本人并不反对所谓的量化考核，一来这确实是国际学术界的潮流，二来在中国的制度环境中，有标准总是要大大好过没标准。但无疑这种环境的驱迫造成了我所说的从读研开始便觉得愉快感渐少，甚至可以说直到现在自己在心理上仍未完全适应这种转变，一直努力保留在专业之外的阅读时间。至少在我的经验中，读其他领域中第一流研究的收获要远大于读本专业中的二流研究，尽管这些收获不能很快地变现为论文中的脚注，但对于一个知识人的成长而言，价值无可替代。以我个人而言，自觉较有发明的几篇文章，其中的大多数灵感都不是来自于本专业内的研究。如何在专业学习和研究的过程中，完成从“读者”到“作者”的身份转换，同时协调两种身份的冲突，即在满足一个知识人扩展所知范围的好奇心与成为一个现代学术产业中的优秀员工之间寻求平衡，并尝试让两者互相促进，至少对我个人而言，是伴随学术生涯展开的一段重要心路。

仇鹿鸣谈中古士族社会

彭珊珊　访谈

一般人习惯将中古社会称为“士族社会”，为什么把士族作为中古社会的本质来加以把握？如何理解中古士族社会在中国历史上的意义？

仇鹿鸣：在中国古代史的研究中，可以说任何一个朝代的官僚家族都不乏学者关注。但确实只有在中古时代，士族才被视为政治、社会结构的核心，将其作为理解这一时代本质的基本要素。中国学者一般称之为士族社会，而日本学者一般使用“贵族制社会”一词，其背后所隐含的关怀便是对于整个中国古代社会时代分期论的思考。无论是20世纪三十年代的社会史论战，还是新中国成立之后比较教条的五种社会形态的论争，以及日本战后关于中国史时代分期的论战，或多或少都是比附西方社会发展的模式，划分中国古代发展的几个阶段。其中日本学者习惯将中国古代分为古代、中世、近世三个阶段，而中世的重要特征便是贵族制社会；而在中国，尽管在新中国成立之后随着学术风向的变化，关于士族等王朝统治阶层的研究因违碍时势而转入沉寂，但值得注意的是当时第一流的魏晋史学者唐长孺、王仲荦、何兹全都是“魏晋封建论”者，这些学者的讨论大多是从经济及人身依附关系等角度入手。尽管“封建”一词因歧义太多现在已不太被学者使用，但本质上而言，尽管中、日双方的学者思考的路径不同，但都认为在魏晋以降的社会构造较之于之前发生了重大的变化，也只有在这一背景下士族研究才能成为中古史研究中的核心话题。假如我们有一天不再将贵族社会视为中古时代的根本特征之一，那么毫无疑问，士族这一课题的重要性将大打折扣。所以说，任何一个时代，学者重视什么课题，其实或隐或现地透露出学界对于这一时代基本特征的理解。

日本汉学界有两种主流看法：一种认为贵族可以自立于皇权之外，具有自立性；另一种认为，尽管当时贵族权势很大，但本质上还是“寄生官僚”，依附于皇权而存在。就比如现在有些人表面上看起来社会地位很高，但本质上还是因为他具有官员的身份，那么中古社会的士族，他们的地位来源于官僚身份还是士族门第本身？

仇鹿鸣：中古士族与其他时代的官僚家族还是有相当的不同，多少具有些能自立于皇权之外的资本。这与魏晋南北朝时代国家分裂，又多是短命王朝，皇权衰落的背景有着密切的关系。这在东晋南朝社会中尤为典型，所谓“士大夫故非天子所命”。纪僧真得宠于齐武帝，因而欲获得士大夫的身份，但齐武帝说“由江敩、谢瀹，我不得措此意”，于是其去拜访当时的士族领袖江敩，刚刚坐定，江敩便命“移吾床让客”，其实纪僧真“容貌言吐，雅有士风”，并不是一个粗人。因而，皇帝可以给予一个寒人高官厚禄，但其士族身份的获得，则取决当时社会的认可，而非皇权所能左右，南朝的士族习惯把纪僧真这样出身较低，因皇权而获得高位的人视为恩倖。

另一个可以体现士族自立皇权之外的例子是魏晋以降官分清浊。官僚等级制度有效运作无疑是皇权成立的重要基础，就像俗话所言的“官大一级压死人”，但南北朝时代清官概念的出现与流行，则对按照官品高低、次第升迁构造的政治秩序构成了挑战。有些官尽管官品较高，但因职任繁剧等种种原因，不为士族所喜，被视为浊官，宁可担任品级较低的清官。某种意义上而言，士族依据自己的文化趣味（清浊之分）重构了的官僚等级及其迁转次序，这不得不说有侵夺皇权的一面。

还有一个关键问题是当时的文化与知识主要依赖士族才得以保存与传递。南北朝时期，因为政局的动荡，官学弛废，流民四散，当时的文化与知识，甚至一些专门的技艺，如书法、医学、礼仪、历法等，都是以家族为单位世代传习的，比如东海徐氏家族便是以医学见称，徐之才编纂有《药对》。因而士族多有家学，这也是士族门第为人所重的原因。

至于将中古士族视为一个自立于皇权之外的阶层还是寄生官僚，在本质上还是涉及时代分期论的话题，如果中古士族仍不过是皇权的依附者，那么中世与上古之间的本质性区别便不存在了。只有将士族视为自立性的阶层，那么才有中世社会的成立，这也是日本东京学派与京都学派论战的焦点之一，中村圭尔《六朝贵族制论》一文对双方的观点有详细的评述。

士族与皇权间的关系，为什么是在东晋到达了“共天下”的状态？

仇鹿鸣：田余庆先生的名著《东晋门阀政治》已经系统论述了这一点。这首先是因为东晋皇权的衰弱，王衍在为司马越谋划

“狡兔三窟”之计时，最初并没有考虑到退步江南。因而晋元帝司马睿无论是血统还是人望皆有欠缺，并不具备在江左运转皇权的条件，必须依赖南渡的士大夫的支持。特别是王导、王敦兄弟，不但掌握政治权力，而且控制了军权。司马氏与士族合作，维系了东晋政权，保住了半壁江山，就形成“王与马、共天下”的局面，这种结合之下，皇权就相对弱势。

田余庆先生提出一个重要的观点，就是“王与马、共天下”应该叫做“门阀政治”而不是“士族政治”。《东晋门阀政治》的第一版中还用了士族政治一词，但在第二版中都改掉了，就是为了避免和学界一般使用的士族政治一词相混淆。田先生认为东晋门阀政治，即司马氏与士族共天下的形式，其实是皇权的一种变态。在中古时期，大多数时候仍是皇权主导的，东晋只是一个特例。当然，在这背后其实暗含对日本学界“贵族制社会”的论说有所保留，反映了作者对于时代特质的不同理解。

从魏晋到隋唐，士族有哪些变化？学界对唐代士族的关注比较少，是因为这时士族走向衰落了吗？

仇鹿鸣：尽管学界的主流的看法仍认为唐代是一个贵族社会，但一般将唐代视为士族逐渐走向衰落的时代。或许学界对于衰朽的东西就意兴阑珊了，唐代士族的研究较之魏晋南北朝显得寥落很多。如果要说变化，当然是有的，有两个重要的外部因素发生了改变，一个是魏晋时代皇权衰落、政局动荡的局面已不复存在，士族面对的是一个稳定而有力的国家。另一个则是九品官人法的废除，尽管门荫在唐代特别是前期还是起到很大的作用，但门荫也要仰赖祖上的官位，所以士族官僚性的一面不可避免地强化了。尽管一般认为中古士族在一定程度上可以自立于皇权之外，但事实上并不能完全脱离政治权力而存在。一代两代不做官，或许还能维持门第，但如果长期不做官，也会慢慢衰落。即使在士族势力最盛的时代，对于能够提振家门的“佳弟子”的培养与拔擢亦极为重视。某种意义上而言，士族身份来源于两个部分，一部分是门第，即当时所言的冢中枯骨，另一部分则是官位，所谓的当世冠冕，门第与官僚之间又形成相互支撑的关系。

最典型的例子是，南朝最显赫士族琅琊王氏和陈郡谢氏在唐朝失去了原来的地位，几无所闻。刘禹锡的名句“旧时王谢堂前燕，飞入寻常百姓家”，便是指此。而江南的顾、陆、朱、张这些士族，虽然还有一些人物，但世系上可靠性很低。但北朝的士族，无论是山东的崔、卢、李、郑、王这样的五姓七家，还是关中的杜氏、韦氏，河东的柳氏、裴氏，出身虏姓的窦氏，在整个唐代仍维持了很高的地位。

就我个人观察，唐代还有一个有意思的变化，南北朝的士族有很强的甄别士流的意愿，通过谱牒的编纂来辨别哪些房支是攀附、伪冒的，哪些是可靠的。在正史中也往往用“自云”一词来加以区别，但这种行为到唐代就消失了。因而唐代伪冒或滥用郡望的现象很普遍，目前出土的唐代墓志，百分之九十以上的人都使用郡望，自称士族，当然其中大多数的世系都是不可靠的。这一现象唐初刘知几就已观察到了，“称袁则饰之陈郡，言杜则系之京邑，姓卯金者咸曰彭城，氏禾女者皆云巨鹿”。

但另一方面，尽管甄别士流的事情不再发生，但通过阅读大量的出土墓志可以注意到，在相对世系可靠的士族群体中，又依然保持了一个稳定的世代通婚的网络，甚至一直维持到了晚唐。虽然唐代姓王的都自称是太原王、琅琊王，但是真正的士族仍然很大程度上维持了自己的身份与家族网络。在我看来，伪冒其实对士族门第价值最好的肯定，我在过去的研究中曾将冒姓的出现作为判断一个士族郡望形成的标志之一。打个比方，现在的地铁里充满着提着或真或假 LV 的人，这当然是 LV 品牌价值最好的体现，一个所谓的名牌如果在义乌都没有仿冒的话，那么恐怕离破产亦不太远，对于士族而言亦是如此。这恐怕也是唐、宋社会的一个区别。

另外对于科举在促进唐代社会流动、士族门第瓦解方面的作用，似乎亦不能评价太高。首先唐代科举取士数量有限，进士科一年就三十余人而已，和宋代相比差距很大，大量官员仍是通过门荫入仕。门荫出身而仕至宰相者，在唐前期非常常见。尽管中唐以后，科举日受重视，其标志便是翰林学士、宰相等要职多需进士出身，但毛汉光先生写过一篇论文，题为《唐代大士族的进士第》，指出士族在科举中占据相当大的优势。所谓“子弟”与“孤寒”之争，对于中晚唐政治颇有影响。从某种程度而言，唐代的科举有士族圈内竞争的色彩。

士族之所以能在科举的竞争中占据优势，一个原因是唐代科举重视诗赋，诗赋是贵族化的学问；后世诟病良多的八股文，则因其出题及形式固定，易于揣摩，反倒有利于贫寒之士出头。好比现在名校所推行的自主招生，当然有利于出身较好，见闻丰富的城市学生，而高考制度尽管有诸多弊端，但依据统一教材出题的标准化考试在相当程度上缩小了城乡之间的差别。另外，唐代科举由于没有严格的糊名、誊卷等防止作弊的措施，颇有功夫在场外的味道；因而考前“行卷”是唐人流行的风气，有时候名次在考前便已确定，这个当然也是有利于士族阶层的。

另一个因素过去可能注意得不多，唐代官员往往因为宦游四方而长期离家，教育子女的重任往往落在母亲的身上，而士族的门第婚姻则确保士族婚对的女性往往有着较高的文化素养，能为子女教养提供更好的条件，客观上也维持了士族门第不衰。随着近年来大量官宦家族女性墓志的发现及女性史研究的兴起，这些面向逐渐得到比较充分的揭示。

总体而言，要说唐代士族是一个逐步走向衰朽的线性下落过程恐怕有些失之简单，其中很多的细节，还有待更多细致的研究加以揭示。

中古的一些世家大族，比如博陵崔氏、荥阳郑氏、范阳卢氏等，延续上千年，经历乱世、朝代更迭仍保持精英地位，原因是什么？

仇鹿鸣：士族门第能维持近千年，其中有很多因素。当然从起源来说，具有一定的偶然性。中国人常说“君子之泽，三世而斩”，其中一个重要原因在于，每次改朝换代之后，动乱都会使旧王朝的官僚群体被消灭，造就一批新贵，典型的如像汉初的“布衣卿相之局”。但两汉四百年的天下，造就了一个相对稳定的社会，地方上的豪族势力盘根错节，东汉建立时，刘秀就大量依赖于地方大族的支持，与西汉初年的局势已大不相同。曹魏官僚群体的根基，与东汉的士大夫有密切的关联，不少是汉末名士的子孙。并且，从东汉、曹魏到西晋，连续三个王朝都是通过禅让的形式完成政权更替的，这个过程中没有大规模的政治清洗，使得官僚群体保持了延续性。

接下来的五胡十六国，大量少数民族进入中原。在战乱中当然有相当一批西晋官宦家族被清洗，但仍有不少人南渡江南，而东晋皇权则比较弱势，需要依赖于士族的号召力才能维持下去的，这就是前面提到过所谓“王与马，共天下”的局面。

整个魏晋南北朝，总体而言由于国家分裂，政治动荡，皇权相对衰落且不稳定，宫廷政变层出不穷，一个王朝往往只能维系几十年。而与之相对的，是士族则显示出了不受王朝更替影响的稳定性。任何一个皇帝上台，尽管会依据个人好恶在政治上有所亲疏，但总体而言，那二三十家士族相对稳定地构成了每个王朝官僚群体的主体。清代学者赵翼就曾观察到一个现象：六朝世族无功臣，因为士族平流进取，便可坐至公卿，自然只需要与时推迁，在新皇帝继位时，奉上玺绶，承担这样礼仪性的使命，以保全自己家族的地位为第一要务。南朝后期的几个开国之君，多是武人出身，但仍需借助士族的清望装饰门面，即使刘裕这样武功赫赫的人物，仍以不得谢混奉玺绂为憾。东晋之后，士族渐渐不再掌兵，失去了对军权的控制，长期而言对于政权的控制力日趋减小，南朝皇帝多用寒人掌机要。皇权的衰落与不稳，是士族长期存续的外因，因而到了唐代，士族和皇权之间就不可能互相匹敌了，因为有一个强大而稳定的国家存在。

内因则是士族自己的文化，特别是整个社会氛围对士族的认同与推重。比如直到现在中国仍是一个官本位的社会，中国的大学多以出几个政治局委员为荣，但假设中国大学能不再把作为政界领导的校友排在最前面，而是把科学家排在最前面，这就在国家标准之外另建了一套评判成功的标准，这其实就是士族社会得以存续根本的因素。“士大夫故非天子所命”，士族当然需要做官，也有很多士族卷入政治风波而被杀，所以一般而言，士族是不能和皇权相抗衡的。但是谁是士族，这个身份是来自社会的认同，不是说你今天位至宰相，就被天然地认可为士族。南朝的恩倖，尽管为皇帝所亲信，掌握权力，但仍被士族视为小人，直至唐代流风犹存。在某种意义上而言，中古时代政治地位和社会地位是分离的。

此外士族的文化包含多方面的因素，如家学、礼法、门风以及相对稳定而封闭的婚姻圈，而这些文化特征又有助于士族维持仕宦中的优势，加上士族门第显示出超越王朝兴衰的稳定性，因而为社会所推重。直到唐代晚期，山东的士族对于和皇帝联姻仍不太积极，唐文宗曾感慨："民间修婚姻，不计官，而上阀阅。我家二百年天子，顾不及崔、卢耶。"

当然，这并不是说士族的谱系是不中断的，如果我们读《元和姓纂》、《新唐书·宰相世系表》，表面上看起来士族的谱系从魏晋以降都是连续的，但事实上如果详加考证，会发现很多部分其实是断裂的，有伪冒的痕迹。因为历次大的动乱与政治变局中，还是会有很多屠戮发生，很多士族名门都被牵涉其中。但由于士族仍为当时社会所重，所以仍会有新贵会去伪冒旧望，而士族内部不同房支的地位也会随着政治变化起起落落，唐代士族内部盛支与衰支间的分化就很明显。因此也不能说中古士族社会是一个阶层流动停滞的时代，只是由于郡望不变，表面上的恒定不变掩饰了其内部所发生的可观的甚至是持续的变化。

总体而言，士族身份主要还是基于认同产生的，本质上并不依赖于某种制度的保障。尽管在魏晋时代有九品官人法，但九品官人法对于士族社会的成立是否起到了决定性的作用，我个人还是有些怀疑，感觉九品官人法更多地是对原有士族等级的确认与巩固，而非创造，特别是在北朝。

就某一个家族而言，门第上升下降的因素是什么？

仇鹿鸣：门第上升有好多种因素，和皇权的关系当然是其中之一，士族不完全依附于皇权，但是仍受皇权的影响。比如陈郡谢氏，西晋的时候并不算高门，东晋之后就慢慢发展起来，这当然与皇权的扶持有关。另外一个因素则是适应时代文化趣味的变迁，如两晋的“由儒入玄”，擅长清谈，才能够进入那个圈子，为时人所重视。到了唐代，特别是中唐以后，进士科极受重视，那么进士及第也成为了维持士族门第的手段。士族尽管某种程度上是世袭的，但又不是完全封闭的，至少士族内部的圈内竞争及其升降是一直存在的。

刚才提到士族并非没有断裂，您也研究过士族谱系中的层累构造。为什么会出现这种伪冒、攀附、混淆甚至虚构？这种现象在哪些时期是比较突出的？

仇鹿鸣：原因有几个。一是家族在乱世中迁徙，这个过程使得很多家族的世系不可考，南渡的家族有些在世系上也有问题。二是在北方，尤其是五胡进入中原后几次大的战乱与屠戮，北魏政局稳定后，崛起的士族往往攀附于魏晋高门，显示自己有门第的依托，但其间往往有两三百年的断裂，多有不可靠的地方。第三则是大量的伪冒，有时候皇族本身或者外戚都会借助皇权的帮助冒入士族，比如隋唐两代皇室分别号称出自弘农杨氏与陇西李氏，表面看起来都是第一流的士族门第，但其实都不可靠。

我们称中古大族用“郡望＋族姓”，如琅琊王氏、河内司马氏，那么士族与地方社会之间是什么样的关系？士族如何协助政权统治地方？一个家族士族崛起的社会基础又是什么？

仇鹿鸣：胡宝国先生曾指出过一个有意思的问题，即《史记》、《汉书》籍贯书法不同，即《史记》记载人物籍贯多用县名，保留战国时代的习惯，而《汉书》则多书郡，由于郡级政区在两汉人生活中非常重要，也影响到人们的家乡观念。所以要讲郡望的起源，还是要和稳定的郡级政区对于人们日常生活及观念的渗透联系起来考虑，而中古时代郡望所标举的郡名多数也选取汉代的郡名。

对于地方大族而言郡是一个相对稳定的政治场域，如果不进入中央做官的话，那么主要的人际关系，婚姻、交往圈一般都集中在郡内，一般郡内有三五个大家族，当时称为郡姓，所以会出现“郡望+族姓”的标识。

但从另一个角度而言，只有离开郡这样一个地域，你从哪里来才会变得重要，在战乱和离散的过程中，地域认同反而会被强化。我倾向于推测在永嘉之后大规模的移动迁徙浪潮中，以郡中大族为中心的流民组织的形成及迁徙，促进了郡望的普及。

学界一般倾向于认为士族早期与乡里社会有比较密切的联系，有一个从地方大族到天下名族的成长过程，我们当然现在能够看到一些地方大族崛起的个案，但我认为大族在长时段中都是区域社会中的结构性存在，只不过若无特别的机缘，就在史书中被湮没了而已。而一旦有大的动乱发生，一些地方大族便借机浮出了水面，北魏末年的战乱，便有“至若瀛、冀诸刘，清河张、宋，并州王氏，濮阳侯族，诸如此辈，一宗将近万室，烟火连接，比屋而居”这样的记载。地方大族当然是地方社会的主导者，日本学者谷川道雄曾提出过“豪族共同体”的概念，认为六朝时代贵族主导下的乡里社会，贵族与民众之间是一种基于“义”的结合，而不是像马克思主义理论所讲的是压迫或依附关系。张学锋先生曾告诉我一段轶闻，谷川先生自己就是豪族出身，他家是熊本县的豪族，幼年时亲眼看过自己的父、祖在熊本老家赈济乡里、焚烧债券，他对六朝贵族自律性的理解或许和他的出身有很大的关系。谷川举出很多史料，证明在南北朝动乱迁徙的过程当中，很多贵族领袖团聚乡里，赈济灾民，通过平均的分配在乱世中维持秩序，在民众中具有很高的威望。但我个人觉得无论“豪族共同体”论还是传统阶级分析方法视角下的地主—农民二元对立假设，其本质上都基于对社会关系理想化的模型。我们也能举出很多豪强横暴，鱼肉乡里的记载，甚至可以说地主与农民对立的关系在传统乡土社会中往往会被一种更加温情的形式所掩盖。但无论如何，大族通过各种手段主导了乡里社会，这构成中古社会的重要底色。

刚才您提到对于唐代士族衰落持保留意见，那中古士族应该是在什么时候没落的？

仇鹿鸣：我觉得要分开来看，南方的侨姓、吴姓士族，唐初便已经衰弱；关陇的贵族则唐初兴盛一时，但中唐之后也日趋没落；但山东的旧族，特别是他们间的政治与婚姻网络，从墓志来看维持得时间似乎比想象得更长，我们不能低估士族在面对挑战时所展现出来的适应能力，比如刚刚提到过的科举制，唐代士族当然发生了很多的变化，但这种变化是否能用“没落”这样一个简单的词汇来描述，我觉得还需要斟酌。

我们研究历史，往往不自觉地站在“后见之明”的立场上，因为宋代人不讲究郡望与门第，而唐末五代是士族消亡的时代，那么在消亡之前必然有一个慢慢走向衰落的过程，但从中晚唐人当时的观感而言，似乎并没有这样的感觉。唐末李振曾将裴枢等三十余位出身士族的大臣诛杀于白马驿，并将其尸体投入黄河，云“此等自谓清流，宜投诸河，永为浊流”。李振是科举竞争中的失败者，因而对于士族极为仇视。另一个参与其事的柳璨，虽然出身河东柳氏，但因为“朴钝”，不以诸宗齿之，这两位士族体制下失意者的极端之举，反倒折射出士族直至唐末政治中仍具相当的影响。

就我个人观察，士族是在五代特别是后唐之后快速衰败的，但这是一个比较突然的变化，后唐仍重视士族，因为它是以兴复唐室自居的，所以唐庄宗灭梁之后专门找了一批唐代士族子弟来做宰相。但是庄宗没能维持很长时间，假设它没有那么短命的话，局面可能又不一样。另一方面乱世更需要处置复杂政务的干吏，当时称为“刀笔之才”，这在唐代是有贬义的，在五代则成了能干的称誉，而士族原有的文化特质，并不能适应动荡时代的需要。

持续战乱的冲击，使得士族很难维持下去。我曾经讨论过五代崔协夫妇的墓志，发现一件有意思的事情，清河小房崔氏一直有与范阳卢氏联姻的传统，尽管崔协与卢程两人在梁、晋对抗中分属两方，打了二十多年的仗，但一旦后唐重归统一，两家又迅速恢复了联姻的关系，所以士族的网络有一定的自我修复机能，但如果冲击是持续性的，那它难免会走向衰败。

后来中国历史上也有很多累世为官、具有社会威望的政治家族，但我们就不会称宋朝的大族为“士族”，它们和中古士族的区别在哪里?

仇鹿鸣：中国历史上有很多累世为官的家族，但不像中古士族一样维持着一个超越地域的、长期的通婚圈，一般还是与地域社会结合得比较紧密。另一方面，宋代以降累世为官家族的荣耀完全依赖于自己的官僚身份，相对来说是官僚制的依附者。而中古士族则不然，其身份与文化的自我认同确实在某种意义上而言是自立于皇权之外的。当然我们所讨论的中古士族，特别是日本学者喜欢用的“中世”、“贵族制”这些词，这当然有与西方中世纪社会相比附的意思，但如果我们现在完全拿掉西方社会这一参照系，怎么来理解中国历史的演进脉络，恐怕是需要重新思考的。另外宋代学者也使用士族一词，但我对宋代了解不多，不知有什么样的考虑。

在另一个层面上，也要注意唐宋之间史料不平衡所造成的差异，宋以后文集、方志、家谱等文献的大量流传于后，使我们能够广泛而清楚地了解大族在地方层面从事的具体活动，这为我们提供了一种“显微镜”式观察的可能，但相对而言，研究唐以前历史的学者，不得不主要依赖正史的记载来描摹大族的形象，而正史的记载当然是以王朝的政治活动为中心，自然也容易得出大族中央化与官僚化的印象，这大约可以算是一种“望远镜”式的观察。那么剩下的疑问是，我们过去印象中，唐宋间世家大族形象和社会地位的巨大变化，到底是一种实际上的存在，还是被不同性质文献所呈现出的不同面貌所夸大了呢。打个比方，历史学者看到的史料只不过是冰山浮在水面上部分而已，更多地东西早已湮没，而越早时代浮在水面上的部分越少，若我们仅就浮在水面上部分来下结论恐怕是危险的。

自北魏以来少数民族逐渐汉化，那么中古时代是否存在着超越民族界限的、对士族身份的认同？

仇鹿鸣：我个人觉得还是有的，当然在孝文帝汉化之初到隋唐初年这一时期，鲜卑贵族的认同如何，恐怕很复杂。但中唐以后，以五胡为代表的魏晋时期进入中原的少数民族与华夏之间的界限确实是消弭了，有些很有力的证据，比如大家熟知的白居易、元稹、刘禹锡、独孤及等著名文人，其实先世都是胡族，有大量文字流传下来，涉及生活的各个方面，但基本上读不到任何种族身份的色彩。另外最近读到的《董嘉猷妻郭氏墓志》也提供了很有意思的案例，墓志一方面直率地记载董氏之先是西南蛮之胤，开元中方以质子的身份留居长安，另一方面又特别记载“自服冠冕，代受恩锡，荣宠湛渥，郁为豪家。每求外姻，必采名族”，还强调其所娶的郭氏的母亲出自河东薛氏，是薛道衡之后，“合两姓之华胄，为一时之茂族”，是真士族，不是假冒牌，体现出对士族身份强烈的向往与认同，这种认同的存在才是士族社会得以维系的根本所在吧。

后　记

这本小书收入的是我近年来撰写的部分学术随笔。坦率地说，对我而言，这是一本“意外之书”。尽管我的老师辈中很多人擅长用两支笔写作，同时面向专业读者与一般公众发言，不过我自忖没有这样的精力与才分，从来没有过类似的念想。同时，以我稍显保守的认知，一直觉得学者职业的本分是以论文形式呈现的研究工作。因此，收入本书的大部分文章所以能够问世，首先要感谢陆灏先生在主持《上海书评》期间的督促与鼓励，让我有不少机会体验到在周一中午截稿之前，交出当周文稿的惊险与刺激。当然也要感谢王荣鑫、王晚舟两兄的盛情，使这本小书有机会付梓。

尽管文字相对随意，不过写作的态度还算认真，我很早就意识到这类文字的读者要比论文多得多。特别是在光华楼电梯上上下下时，若被师长们问及前日报端所作某文，总难免有些困窘。我倒不是说学者不应该进行稍具公共性的写作，事实上，二十年来《读书》、《书城》、《上海书评》等读物也一直伴随着自己的学习和成长。只是自己从教十年来，越来越感受到如今的学术有些过于热闹了，大量会议、演讲、出版带来了一派繁荣的景象。

毋庸讳言，支撑这种繁荣的是各个层级学术资助的大幅增加，但同时也将学术工作表格化与规制化了。另一方面，新媒体与自媒体的发达，也大大推动了学术议题的公众化，但这种热闹是否有助于推动学问本身的进展，至少在我心中仍存有疑问。与不少老师辈时常怀念八十年代的热闹不同，我一直觉得九十年代以来“思想家淡出、学问家凸现”的变化是向常态的一种复归。近年来，这种常态又受到上文言及各种“热闹”的冲击，长远来看，对于学术研究利弊究竟如何，虽很难断言，但作为体制内的受益者，保持适当的自省或许仍有必要。

收入本书的各篇文章，除了少数几篇做了一些增补，大部分仅做了文字上的增润，订正了若干明显的讹误，其余大体一仍其旧。其中三篇谈石刻研究方法的文字，因写于不同的时间，内容略有重复，还请读者见谅。《读闲书》这个书名是我自己的主张，或许有些文不对题，因为书中的多数文章仍在我专业研究的范围内。起这个书名，主要是因为我自小就被父母、老师认为是一个喜欢读闲书的小孩。我并不太能确定“读闲书”是不是沪语中特有的成词，不过由于上海话中“闲”与“害”谐音，记得还比较小的时候，当父母抱怨我在读闲书上花费了太多时间的时候，我还曾一脸茫然地问过父亲，我读的书虽然和功课无关，但谈不上有害吧，当然父亲后来笑着跟我解释了原委。作为第一代独生子女，我在成长的过程中已开始感受到课业负担及升学竞争带来的压力，这使得读闲书这个爱好显得有些灰色，它当然远谈不上“有害”，但似乎不如学一些更加光鲜的才艺或多做几张卷子来得实在。

感谢父母从小到大的宽容，一直允许我按照自己的意愿发展爱好，支配业余时间，我至今仍怀念每年寒暑假跟父亲去学校图书馆借书的日子，尽管从现在的眼光来看，这个图书馆实在没太多像样的书。正是这种宽容使我在历次升学表格的特长一栏中都能心安理得地填上一个大大的“无”字，因为在很多教育制度的设计者眼中“阅读”从来都不能算是一种特长。正如当下不能变现为论文脚注的阅读，似乎也正在变成一种奢侈。

图书在版编目（CIP）数据

读闲书 / 仇鹿鸣著 .— 杭州 : 浙江大学出版社,
2018.9（2024.1重印）
（近思录）
ISBN 978-7-308-18487-8

Ⅰ. ①读… Ⅱ. ①仇… Ⅲ. ①中国历史—研究—唐代
Ⅳ. ①K204.07

中国版本图书馆CIP数据核字（2018）第179091号

读闲书
仇鹿鸣　著

特约编辑　王晚舟
责任编辑　王荣鑫
责任校对　宋旭华
封面设计　城色设计
出版发行　浙江大学出版社
（杭州天目山路148号　邮政编码：310007）
（网址：http://www.zjupress.com）
排　　版　浙江大千时代文化传媒有限公司
印　　刷　浙江新华数码印务有限公司
开　　本　880mm × 1230mm　1/32
印　　张　5.5
字　　数　128千
印　　数　7501—8000
版 印 次　2018年9月第1版　2024年1月第6次印刷
书　　号　ISBN 978-7-308-18487-8
定　　价　46.00元

浙江大学出版社市场运营中心联系方式：（0571）88925591；http://zjdxcbs.tmall.com